HUGO VON HOFMANNSTHAL

~

Der Tor und der Tod

&

Jedermann: Das Spiel vom Sterben des reichen Mannes

„Der Edelmanns Claudio wird vom Tode geholt und begegnet bei dieser Gelegenheit ehemals wichtigen Menschen in seinem Leben. Bei der Gelegenheit realisiert der Lebemann erstmals, das seine ästhetisch-distanzierte Haltung zu seinen Mitmenschen ein handfestes Defizit darstellt - doch es ist zu spät für den Tor."

Redaktion Gröls-Verlag (Edition I Werke der Weltliteratur)

Redaktionelle Hinweise und Impressum

Das vorliegende Werk wurde zugunsten der Authentizität sehr zurückhaltend bearbeitet. So wurden etwa ursprüngliche Rechtschreibfehler regelmäßig *nicht* behoben, denn kleine Unvollkommenheiten machen das Buch – wie im Übrigen den Menschen – erst authentisch. Mitunter wurden jedoch zum Beispiel Absätze behutsam neu getrennt, um den Lesefluss zu erleichtern.

Wir sind bemüht, ein ansprechendes Produkt zu gestalten, welches angemessenen Ansprüchen an das Preis/Leistungsverhältnis und vernünftigen Qualitätserwartungen gerecht wird. Um die Texte zu rekonstruieren, werden antiquarische Bücher von leistungsfähigen Lesegeräten gescannt und dann durch eine Software lesbar gemacht. Der so entstandene Text wird von Menschen gegengelesen und korrigiert – Hierbei können gelegentlich Fehler auftreten. Wenn Sie ebenfalls antiquarische Texte einreichen möchten, wenden Sie sich für weitere Informationen gerne an

www.groels.de

Informieren Sie sich dort auch gerne über die anderen Werke aus unserer

Edition | Werke der Weltliteratur

Sie werden es mit 98,101 %iger Wahrscheinlichkeit nicht bereuen.

Die Deutsche Nationalbibliothek verzeichnet dieses Werk in der Deutschen Nationalbibliografie.

Verleger: Hermann-Josef Gröls, Poelchaukamp 20, 22301 Hamburg.

Externer Dienstleister für Distribution und Herstellung: BoD, In de Tarpen 42, 22848 Norderstedt

Inhalt

Der Tor und der Tod

Personen

Der Tod
Claudio, ein Edelmann
Sein Kammerdiener
Claudios Mutter
Eine Geliebte des Claudio
Ein Jugendfreund

Claudios Haus. Kostüm der zwanziger Jahre des vorigen Jahrhunderts. Studierzimmer des Claudio, im Empiregeschmack. Im Hintergrund links und rechts große Fenster, in der Mitte eine Glastüre auf den Balkon hinaus, von dem eine hängende Holztreppe in den Garten führt. Links eine weiße Flügeltür, rechts eine gleiche nach dem Schlafzimmer, mit einem grünen Samtvorhang geschlossen. Am Fenster links steht ein Schreibtisch, davor ein Lehnstuhl. An den Pfeilern Glaskasten mit Altertümern. An der Wand rechts eine gotische, dunkle, geschnitzte Truhe; darüber altertümliche Musikinstrumente. Ein fast schwarz gedunkeltes Bild eines italienischen Meisters. Der Grundton der Tapete licht, fast weiß; mit Stukkatur und Gold.

Claudio allein

Er sitzt am Fenster. Abendsonne.

Die letzten Berge liegen nun im Glanz,
In feuchten Schmelz durchsonnter Luft gewandet.
Es schwebt ein Alabasterwolkenkranz
Zuhöchst, mit grauen Schatten, goldumrandet:
So malen Meister von den frühen Tagen
Die Wolken, welche die Madonna tragen.
Am Abhang liegen blaue Wolkenschatten,
Der Bergesschatten füllt das weite Tal
Und dämpft zu grauem Grün den Glanz der Matten;
Der Gipfel glänzt im vollen letzten Strahl.
Wie nah sind meiner Sehnsucht die gerückt,
Die dort auf weiten Halden einsam wohnen
Und denen Güter, mit der Hand gepflückt,
Die gute Mattigkeit der Glieder lohnen.
Der wundervolle, wilde Morgenwind,
Der nackten Fußes läuft im Heidenduft,
Der weckt sie auf; die wilden Bienen sind
Um sie, und Gottes helle, heiße Luft.
Es gab Natur sich ihnen zum Geschäfte,
In allen ihren Wünschen quillt Natur,
Im Wechselspiel der frisch und müden Kräfte
Wird ihnen jedes warmen Glückes Spur.
Jetzt rückt der goldne Ball, und er versinkt
In fernster Meere grünlichem Kristall;
Das letzte Licht durch ferne Bäume blinkt,
Jetzt atmet roter Rauch, ein Glutenwall
Den Strand erfüllend, wo die Städte liegen,
Die mit Najadenarmen, flutenttaucht,
In hohen Schiffen ihre Kinder wiegen,

Ein Volk, verwegen, listig und erlaucht.
Sie gleiten über ferne, wunderschwere,
Verschwiegne Flut, die nie ein Kiel geteilt,
Es regt die Brust der Zorn der wilden Meere,
Da wird sie jedem Wahn und Weh geheilt.
So seh ich Sinn und Segen fern gebreitet
Und starre voller Sehnsucht stets hinüber,
Doch wie mein Blick dem Nahen näher gleitet,
Wird alles öd, verletzender und trüber;
Es scheint mein ganzes so versäumtes Leben
Verlorne Lust und nie geweinte Tränen
Um diese Gassen, dieses Haus zu weben
Und ewig sinnlos Suchen, wirres Sehnen.

Am Fenster stehend:

Jetzt zünden sie die Lichter an und haben
In engen Wänden eine dumpfe Welt
Mit allen Rausch- und Tränengaben
Und was noch sonst ein Herz gefangen hält.
Sie sind einander herzlich nah
Und härmen sich um einen, der entfernt;
Und wenn wohl einem Leid geschah,
So trösten sie ... ich habe Trösten nie gelernt.
Sie können sich mit einfachen Worten,
Was nötig zum Weinen und Lachen, sagen,
Müssen nicht an sieben vernagelte Pforten
Mit blutigen Fingern schlagen.
Was weiß denn ich vom Menschenleben?
Bin freilich scheinbar drin gestanden,
Aber ich hab es höchstens verstanden,
Konnte mich nie darein verweben.
Hab mich niemals daran verloren.
Wo andre nehmen, andre geben,
Blieb ich beiseit, im Innern stummgeboren.

Ich hab von allen lieben Lippen
Den wahren Trank des Lebens nie gesogen,
Bin nie von wahrem Schmerz durchschüttert,
Die Straße einsam, schluchzend, nie! gezogen.
Wenn ich von guten Gaben der Natur
Je eine Regung, einen Hauch erfuhr,
So nannte ihn mein überwacher Sinn,
Unfähig des Vergessens, grell beim Namen.
Und wie dann tausende Vergleiche kamen,
War das Vertrauen, war das Glück dahin.
Und auch das Leid! zerfasert und zerfressen
Vom Denken, abgeblaßt und ausgelaugt!
Wie wollte ich an meine Brust es pressen,
Wie hätt ich Wonne aus dem Schmerz gesaugt:
Sein Flügel streifte mich, ich wurde matt,
Und Unbehagen kam an Schmerzes Statt ...

Aufschreckend:

Es dunkelt schon. Ich fall in Grübelei.
Ja, ja: die Zeit hat Kinder mancherlei.
Doch ich bin müd und soll wohl schlafen gehen.

Der Diener bringt eine Lampe, geht dann wieder.

Jetzt läßt der Lampe Glanz mich wieder sehen
Die Rumpelkammer voller totem Tand,
Wodurch ich doch mich einzuschleichen wähnte,
Wenn ich den graden Weg auch nimmer fand
In jenes Leben, das ich so ersehnte.

Vor dem Kruzifix:

Zu deinen wunden, elfenbeinern Füßen,
Du Herr am Kreuz, sind etliche gelegen,
Die Flammen niederbetend, jene süßen,
Ins eigne Herz, die wundervoll bewegen,

Und wenn statt Gluten öde Kälte kam,
Vergingen sie in Reue, Angst und Scham.

Vor einem alten Bild:

Gioconda, du, aus wundervollem Grund,
Herleuchtend mit dem Glanz durchseelter Glieder,
Dem rätselhaften, süßen, herben Mund,
Dem Prunk der träumeschweren Augenlider:
Gerad so viel verrietest du mir Leben,
Als fragend ich vermocht dir einzuweben!

Sich abwendend, vor einer Truhe:

Ihr Becher, ihr, an deren kühlem Rand
Wohl etlich Lippen selig hingen,
Ihr alten Lauten, ihr, bei deren Klingen
Sich manches Herz die tiefste Rührung fand,
Was gäb ich, könnt mich euer Bann erfassen,
Wie wollt ich mich gefangen finden lassen!
Ihr hölzern, ehern Schilderwerk,
Verwirrend, formenquellend Bilderwerk,
Ihr Kröten, Engel, Greife, Faunen,
Phantastsche Vögel, goldnes Fruchtgeschlinge,
Berauschende und ängstigende Dinge,
Ihr wart doch all einmal gefühlt,
Gezeugt von zuckenden, lebendgen Launen,
Vom großen Meer emporgespült,
Und wie den Fisch das Netz, hat euch die Form gefangen!
Umsonst bin ich, umsonst euch nachgegangen,
Von eurem Reize allzusehr gebunden:
Und wie ich eurer eigensinngen Seelen
Jedwede, wie die Masken, durchempfunden,
War mir verschleiert Leben, Herz und Welt,
Ihr hieltet mich, ein Flatterschwarm, umstellt,
Abweidend, unerbittliche Harpyien,

An frischen Quellen jedes frische Blühen ...
Ich hab mich so an Künstliches verloren,
Daß ich die Sonne sah aus toten Augen,
Und nicht mehr hörte, als durch tote Ohren:
Stets schleppte ich den rätselhaften Fluch,
Nie ganz bewußt, nie völlig unbewußt,
Mit kleinem Leid und schaler Lust
Mein Leben zu erleben wie ein Buch,
Das man zur Hälft noch nicht und halb nicht mehr begreift,
Und hinter dem der Sinn erst nach Lebendgem schweift;
Und was mich quälte und was mich erfreute,
Mir war, als ob es nie sich selbst bedeute,
Nein, künftgen Lebens vorgeliehnen Schein
Und hohles Bild von einem vollem Sein.
So hab ich mich in Leid und jeder Liebe
Verwirrt mit Schatten nur herumgeschlagen,
Verbraucht, doch nicht genossen alle Triebe,
In dumpfem Traum, es würde endlich tagen.
Ich wandte mich und sah das Leben an:
Darinnen Schnellsein nicht zum Laufen nützt
Und Tapfersein nicht hilft zum Streit; darin
Unheil nicht traurig macht und Glück nicht froh;
Auf Frag ohn Sinn folgt Antwort ohne Sinn;
Verworrner Traum entsteigt der dunklen Schwelle,
Und Glück ist alles, Stunde, Wind und Welle!
So schmerzlich klug und so enttäuschten Sinn
In müdem Hochmut liegend, in Entsagen
Tief eingesponnen leb ich ohne Klagen
In diesen Stuben, dieser Stadt dahin.
Die Leute haben sich entwöhnt zu fragen
Und finden, daß ich recht gewöhnlich bin.

Der Diener kommt und stellt einen Teller Kirschen auf den Tisch, dann will er die Balkontüre schließen.

Claudio

Laß noch die Türen offen – Was erschreckt dich?

Diener

Euer Gnaden glauben mirs wohl nicht.

Halb für sich, mit Angst:

Jetzt haben sie im Lusthaus sich versteckt.

Claudio

Wer denn?

Diener

Entschuldigen, ich weiß es nicht.
Ein ganzer Schwarm unheimliches Gesindel.

Claudio

Bettler?

Diener

Ich weiß es nicht.

Claudio

So sperr die Tür,
Die von der Gasse in den Garten, zu,
Und leg dich schlafen und laß mich in Ruh.

Diener

Das eben macht mir solches Graun. Ich hab
Die Gartentür verriegelt. Aber ...

Claudio

Nun?

Diener

Jetzt sitzen sie im Garten. Auf der Bank,
Wo der sandsteinerne Apollo steht,
Ein paar im Schatten dort am Brunnenrand,
Und einer hat sich auf die Sphinx gesetzt.
Man sieht ihn nicht, der Taxus steht davor.

Claudio

Sinds Männer?

Diener

Einige. Allein auch Frauen.
Nicht bettelhaft, altmodisch nur von Tracht,
Wie Kupferstiche angezogen sind.
Mit einer solchen grauenvollen Art
Still dazusitzen und mit toten Augen
Auf einen wie in leere Luft zu schauen,
Das sind nicht Menschen. Euer Gnaden sein
Nicht ungehalten, nur um keinen Preis
Der Welt möcht ich in ihre Nähe gehen.
So Gott will, sind sie morgen früh verschwunden;
Ich will – mit gnädiger Erlaubnis – jetzt
Die Tür vom Haus verriegeln und das Schloß
Einsprengen mit geweihtem Wasser. Denn
Ich habe solche Menschen nie gesehn,
Und solche Augen haben Menschen nicht.

Claudio

Tu, was du willst, und gute Nacht.

Er geht eine Weile nachdenklich auf und nieder. Hinter der Szene erklingt das sehnsüchtige und ergreifende Spiel einer Geige, zuerst ferner, allmählich näher, endlich warm und voll, als wenn es aus dem Nebenzimmer dränge.

Musik?
Und seltsam zu der Seele redende!
Hat mich des Menschen Unsinn auch verstört?
Mich dünkt, als hätt ich solche Töne
Von Menschengeigen nie gehört ...

Er bleibt horchend gegen die rechte Seite gewandt.

In tiefen, scheinbar lang ersehnten Schauern
Dringts allgewaltig auf mich ein;
Es scheint unendliches Bedauern,
Unendlich Hoffen scheints zu sein,
Als strömte von den alten, stillen Mauern
Mein Leben flutend und verklärt herein.
Wie der Geliebten, wie der Mutter Kommen,
Wie jedes Langverlornen Wiederkehr,
Regt es Gedanken auf, die warmen, frommen,
Und wirft mich in ein jugendliches Meer:
Ein Knabe stand ich so im Frühlingsglänzen
Und meinte aufzuschweben in das All,
Unendlich Sehnen über alle Grenzen
Durchwehte mich in ahnungsvollem Schwall!
Und Wanderzeiten kamen, rauschumfangen,
Da leuchtete manchmal die ganze Welt,
Und Rosen glühten, und die Glocken klangen,
Von fremdem Lichte jubelnd und erhellt:
Wie waren da lebendig alle Dinge
Dem liebenden Erfassen nah gerückt,
Wie fühlt ich mich beseelt und tief entzückt,
Ein lebend Glied im großen Lebensringe!
Da ahnte ich, durch mein Herz auch geleitet,
Den Liebesstrom, der alle Herzen nährt,
Und ein Genügen hielt mein Ich geweitet,
Das heute kaum mir noch den Traum verklärt.
Tön fort, Musik, noch eine Weile so

Und rühr mein Innres also innig auf:
Leicht wähn ich dann mein Leben warm und froh,
Rücklebend so verzaubert seinen Lauf:
Denn alle süßen Flammen, Loh an Loh
Das Starre schmelzend, schlagen jetzt herauf!
Des allzu alten, allzu wirren Wissens
Auf diesen Nacken vielgehäufte Last
Vergeht, von diesem Laut des Urgewissens,
Den kindisch-tiefen Tönen angefaßt.
Weither mit großem Glockenläuten
Ankündigt sich ein kaum geahntes Leben,
In Formen, die unendlich viel bedeuten,
Gewaltig-schlicht im Nehmen und im Geben.

Die Musik verstummt fast plötzlich.

Da, da verstummt, was mich so tief gerührt,
Worin ich Göttlich-Menschliches gespürt!
Der diese Wunderwelt unwissend hergesandt,
Er hebt wohl jetzt nach Kupfergeld die Kappe,
Ein abendlicher Bettelmusikant.

Am Fenster rechts:

Hier unten steht er nicht. Wie sonderbar!
Wo denn? Ich will durchs andre Fenster schaun ...

Wie er nach der Türe rechts geht, wird der Vorhang leise zurückgeschlagen, und in der Tür steht der Tod, den Fiedelbogen in der Hand, die Geige am Gürtel hängend. Er sieht Claudio, der entsetzt zurückfährt, ruhig an.

Wie packt mich sinnlos namenloses Grauen!
Wenn deiner Fiedel Klang so lieblich war,
Was bringt es solchen Krampf, dich anzuschauen?
Und schnürt die Kehle so und sträubt das Haar?

Geh weg! Du bist der Tod. Was willst du hier?
Ich fürchte mich. Geh weg! Ich kann nicht schrein,

Sinkend:

Der Halt, die Luft des Lebens schwindet mir!
Geh weg! Wer rief dich? Geh! Wer ließ dich ein?

Der Tod

Steh auf! Wirf dies ererbte Graun von dir!
Ich bin nicht schauerlich, bin kein Gerippe!
Aus des Dionysos, der Venus Sippe,
Ein großer Gott der Seele steht vor dir.
Wenn in der lauen Sommerabendfeier
Durch goldne Luft ein Blatt herabgeschwebt,
Hat dich mein Wehen angeschauert,
Das traumhaft um die reifen Dinge webt;
Wenn Überschwellen der Gefühle
Mit warmer Flut die Seele zitternd füllte,
Wenn sich im plötzlichen Durchzucken
Das Ungeheure als verwandt enthüllte,
Und du, hingebend dich im großen Reigen,
Die Welt empfingest als dein eigen:
In jeder wahrhaft großen Stunde,
Die schauern deine Erdenform gemacht,
Hab ich dich angerührt im Seelengrunde
Mit heiliger, geheimnisvoller Macht.

Claudio

Genug! Ich grüße dich, wenngleich beklommen.

Kleine Pause.

Doch wozu bist du eigentlich gekommen?

Der Tod

Mein Kommen, Freund, hat stets nur ***einen*** Sinn!

Claudio

Bei mir hats eine Weile noch *dahin*!
Merk: eh das Blatt zu Boden schwebt,
Hat es zur Neige seinen Saft gesogen!
Dazu fehlt viel: Ich habe nicht gelebt!

Der Tod

Bist doch, wie alle, deinen Weg gezogen!

Claudio

Wie abgerißne Wiesenblumen
Ein dunkles Wasser mit sich reißt,
So glitten mir die jungen Tage,
Und ich hab nie gewußt, daß das schon Leben heißt.
Dann ... stand ich an den Lebensgittern,
Der Wunder bang, von Sehnsucht süß bedrängt,
Daß sie in majestätischen Gewittern
Auffliegen sollten, wundervoll gesprengt.
Es kam nicht so ... und einmal stand ich drinnen,
Der Weihe bar, und konnte mich auf mich
Und alle tiefsten Wünsche nicht besinnen,
Von einem Bann befangen, der nicht wich.
Von Dämmerung verwirrt und wie verschüttet,
Verdrießlich und im Innersten zerrüttet,
Mit halbem Herzen, unterbundnen Sinnen
In jedem Ganzen rätselhaft gehemmt,
Fühlt ich mich niemals recht durchglutet innen,
Von großen Wellen nie so recht geschwemmt,
Bin nie auf meinem Weg dem Gott begegnet,
Mit dem man ringt, bis daß er einen segnet.

Der Tod

Was allen, ward auch dir gegeben,
Ein Erdenleben, irdisch es zu leben.

Im Innern quillt euch allen treu ein Geist,
Der diesem Chaos toter Sachen
Beziehung einzuhauchen heißt,
Und euren Garten draus zu machen
Für Wirksamkeit, Beglückung und Verdruß.
Weh dir, wenn ich dir das erst sagen muß!
Man bindet und man wird gebunden,
Entfaltung wirken schwül und wilde Stunden,
In Schlaf geweint und müd geplagt
Noch wollend, schwer von Sehnsucht, halbverzagt
Tiefatmend und vom Drang des Lebens warm ...
Doch alle *reif*, fallt ihr in meinen Arm.

Claudio

Ich aber bin nicht reif, drum laß mich hier.
Ich will nicht länger töricht jammern,
Ich will mich an die Erdenscholle klammern,
Die tiefste Lebenssehnsucht schreit in mir.
Die höchste Angst zerreißt den alten Bann;
Jetzt fühl ich – laß mich – daß ich leben kann!
Ich fühls an diesem grenzenlosen Drängen:
Ich kann mein Herz an Erdendinge hängen.
O, du sollst sehn, nicht mehr wie stumme Tiere,
Nicht Puppen werden mir die andern sein!
Zum Herzen reden soll mir all das Ihre,
Ich dränge mich in jede Lust und Pein.
Ich will die Treue lernen, die der Halt
Von allem Leben ist ... ich füg mich so,
Daß Gut und Böse über mich Gewalt
Soll haben und mich machen wild und froh.
Dann werden sich die Schemen mir beleben!
Ich werde Menschen auf dem Wege finden,
Nicht länger stumm im Nehmen und im Geben,
Gebunden werden – ja! – und kräftig binden.

Da er die ungerührte Miene des Todes wahrnimmt, mit steigender Angst:

Denn schau, glaub mir, das war nicht so bisher:
Du meinst, ich hätte doch geliebt, gehaßt ...
Nein, nie hab ich den Kern davon erfaßt,
Es war ein Tausch von Schein und Worten leer!
Da schau, ich kann dir zeigen: Briefe, sieh,

Er reißt eine Lade auf und entnimmt ihr Pakete geordneter alter Briefe:

Mit Schwüren voll und Liebeswort und Klagen;
Meinst du, ich hätte je ***gespürt***, was ***die*** –
Gespürt, was ***ich*** als Antwort schien zu sagen?!

Er wirft ihm die Pakete vor die Füße, daß die einzelnen Briefe herausfliegen.

Da hast du dieses ganze Liebesleben,
Daraus nur ich und ich nur widertönte,
Wie ich der Stimmung Auf- und Niederbeben
Mitbebend, jeden heilgen Halt verhöhnte!
Da! da! und alles andre ist wie das:
Ohn Sinn, ohn Glück, ohn Schmerz, ohn Lieb, ohn Haß!

Der Tod

Du Tor! Du schlimmer Tor, ich will dich lehren,
Das Leben, eh dus endest, einmal ehren.
Stell dich dorthin und schweig und sieh hieher
Und lern, daß alle andern diesen Schollen
Mit lieberfülltem Erdensinn entquollen,
Und nur du selber schellenlaut und leer.

Der Tod tut ein paar Geigenstriche, gleichsam rufend. Er steht an der Schlafzimmertüre, im Vordergrund rechts, Claudio an der Wand links, im Halbdunkel. Aus der Tür rechts tritt die Mutter. Sie ist nicht sehr alt. Sie trägt ein langes, schwarzes Samtkleid, eine schwarze Samthaube mit einer weißen Rüsche, die das Gesicht umrahmt. In den feinen blassen

Fingern ein weißes Spitzentaschentuch. Sie tritt leise aus der Tür und geht lautlos im Zimmer umher.

Die Mutter

Wie viele süße Schmerzen saug ich ein
Mit dieser Luft. Wie von Lavendelkraut
Ein feiner toter Atem weht die Hälfte
Von meinem Erdendasein hier umher:
Ein Mutterleben, nun, ein Dritteil Schmerzen,
Eins Plage, Sorge eins. Was weiß ein Mann
Davon?

An der Truhe:

Die Kante da noch immer scharf?
Da schlug er sich einmal die Schläfe blutig;
Freilich, er war auch klein und heftig, wild
Im Laufen, nicht zu halten. Da, das Fenster!
Da stand ich oft und horchte in die Nacht
Hinaus auf seinen Schritt mit solcher Gier,
Wenn mich die Angst im Bett nicht länger litt,
Wenn er nicht kam, und schlug doch zwei, und schlug
Dann drei und fing schon blaß zu dämmern an ...
Wie oft ... Doch hat er nie etwas gewußt –
Ich war ja auch bei Tag hübsch viel allein.
Die Hand, die gießt die Blumen, klopft den Staub
Vom Kissen, reibt die Messingklinken blank,
So läuft der Tag; allein der Kopf hat nichts
Zu tun: da geht im Kreis ein dumpfes Rad
Mit Ahnungen und traumbeklommenem
Geheimnisvollem Schmerzgefühle, das
Wohl mit der Mutterschaft unfaßlichem
Geheimen Heiligtum zusammenhängt
Und allem tiefsten Weben dieser Welt
Verwandt ist. Aber mir ist nicht gegönnt,

Der süß beklemmend, schmerzlich nährenden,
Der Luft vergangnen Lebens mehr zu atmen.
Ich muß ja gehen, gehen ...

Sie geht durch die Mitteltüre ab.

Claudio

Mutter!

Der Tod

Schweig!
Du bringst sie nicht zurück.

Claudio

Ah! Mutter, komm!
Laß mich dir einmal mit den Lippen hier,
Den zuckenden, die immer schmalgepreßt,
Hochmütig schwiegen, laß mich doch vor dir
So auf den Knien ... Ruf sie! Halt sie fest!
Sie wollte nicht! Hast du denn nicht gesehn?!
Was zwingst du sie, Entsetzlicher, zu gehn?

Der Tod

Laß mir, was mein. Dein ***war*** es.

Claudio

Ah! und nie
Gefühlt! Dürr, alles dürr! Wann hab ich je
Gespürt, daß alle Wurzeln meines Seins
Nach ihr sich zuckend drängten, ihre Näh
Wie einer Gottheit Nähe wundervoll
Durchschauert mich und quellend füllen soll
Mit Menschensehnsucht, Menschenlust – und -weh?!

Der Tod, um seine Klagen unbekümmert, spielt die Melodie eines alten Volksliedes. Langsam tritt ein junges Mädchen ein; sie trägt ein einfaches, großgeblümtes Kleid, Kreuzbandschuhe, um den Hals ein Stückchen Schleier, bloßer Kopf.

Das junge Mädchen

Es war doch schön ... Denkst du nie mehr daran?
Freilich, du hast mir weh getan, so weh ...
Allein, was hört denn nicht in Schmerzen auf?
Ich hab so wenig frohe Tag' gesehn,
Und die, die waren schön als wie ein Traum!
Die Blumen vor dem Fenster, meine Blumen,
Das kleine, wacklige Spinett, der Schrank,
In den ich deine Briefe legte und
Was du mir etwa schenktest ... alles das
– Lach mich nicht aus – das wurde alles schön
Und redete mit wachen, lieben Lippen!
Wenn nach dem schwülen Abend Regen kam
Und wir am Fenster standen – ah, der Duft
Der nassen Bäume! – Alles das ist hin,
Gestorben, was daran lebendig war!
Und liegt in unsrer Liebe kleinem Grab.
Allein es war so schön, und du bist schuld,
Daß es so schön war. Und daß du mich dann
Fortwarfest, achtlos grausam, wie ein Kind,
Des Spielens müd, die Blumen fallen läßt ...
Mein Gott, ich hatte nichts, dich festzubinden.

Kleine Pause.

Wie dann dein Brief, der letzte, schlimme, kam,
Da wollt ich sterben. Nicht, um dich zu quälen,
Sag ich dir das. Ich wollte einen Brief
Zum Abschied an dich schreiben, ohne Klag,
Nicht heftig, ohne wilde Traurigkeit;
Nur so, daß du nach meiner Lieb und mir
Noch einmal solltest Heimweh haben und

Ein wenig weinen, weils dazu zu spät.
Ich hab dir nicht geschrieben. Nein. Wozu?
Was weiß denn ich, wieviel von deinem Herzen
In all dem war, was meinen armen Sinn
Mit Glanz und Fieber so erfüllte, daß
Ich wie im Traum am lichten Tage ging.
Aus Untreu macht kein guter Wille Treu,
Und Tränen machen kein Erstorbnes wach.
Man stirbt auch nicht daran. Viel später erst,
Nach langem, ödem Elend durft ich mich
Hinlegen, um zu sterben. Und ich bat,
In deiner Todesstund bei dir zu sein.
Nicht grauenvoll, um dich zu quälen nicht,
Nur wie wenn einer einen Becher Wein
Austrinkt und flüchtig ihn der Duft gemahnt
An irgendwo vergeßne, leise Lust.

Sie geht ab; Claudio birgt sein Gesicht in den Händen. Unmittelbar nach ihrem Abgehen tritt ein Mann ein. Er hat beiläufig Claudios Alter. Er trägt einen unordentlichen, bestaubten Reiseanzug. In seiner linken Brust steckt mit herausragendem Holzgriff ein Messer. Er bleibt in der Mitte der Bühne, Claudio zugewendet, stehen.

Der Mann

Lebst du noch immer, Ewigspielender?
Liest immer noch Horaz und freuest dich
Am spöttisch-klugen, nie bewegten Sinn?
Mit feinen Worten bist du mir genaht,
Scheinbar gepackt von was auch mich bewegte ...
Ich hab dich, sagtest du, gemahnt an Dinge,
Die heimlich in dir schliefen, wie der Wind
Der Nacht von fernem Ziel zuweilen redet ...
O ja, ein feines Saitenspiel im Wind
Warst du, und der verliebte Wind dafür

Stets eines andern ausgenützter Atem,
Der meine oder sonst. Wir waren ja
Sehr lange Freunde. Freunde? Heißt: gemein
War zwischen uns Gespräch bei Tag und Nacht,
Verkehr mit gleichen Menschen, Tändelei
Mit einer gleichen Frau. Gemein: so wie
Gemeinsam zwischen Herr und Sklave ist
Haus, Sänfte, Hund und Mittagstisch und Peitsche:
Dem ist das Haus zur Lust, ein Kerker dem;
Den trägt die Sänfte, jenem drückt die Schulter
Ihr Schnitzwerk wund; der läßt den Hund im Garten
Durch Reifen springen, jener wartet ihn!...
Halbfertige Gefühle, meiner Seele
Schmerzlich geborne Perlen, nahmst du mir
Und warfst sie als dein Spielzeug in die Luft,
Du, schnellbefreundet, fertig schnell mit jedem,
Ich mit dem stummen Werben in der Seele
Und Zähne zugepreßt, du ohne Scheu
An allem tastend, während mir das Wort
Mißtrauisch und verschüchtert starb am Weg.
Da kam uns in den Weg ein Weib. Was mich
Ergriff, wie Krankheit über einen kommt,
Wo alle Sinne taumeln, überwach
Von allzu vielem Schaun nach einem Ziel ...
Nach einem solchen Ziel, voll süßer Schwermut
Und wildem Glanz und Duft, aus tiefem Dunkel
Wie Wetterleuchten webend ... Alles das,
Du sahst es auch, es reizte dich!... »Ja, weil
Ich selber ähnlich bin zu mancher Zeit,
So reizte mich des Mädchens müde Art
Und herbe Hoheit, so enttäuschten Sinns
Bei solcher Jugend.« Hast du mirs denn nicht
Dann später so erzählt? Es reizte dich!
Mir war es mehr als dieses Blut und Hirn!

Und sattgespielt, warfst du die Puppe mir,
Mir zu, ihr ganzes Bild vom Überdruß
In dir entstellt, so fürchterlich verzerrt,
Des wundervollen Zaubers so entblößt,
Die Züge sinnlos, das lebendge Haar
Tot hängend, warfst mir eine Larve zu,
In schnödes Nichts mit widerlicher Kunst
Zersetzend rätselhaften süßen Reiz.
Für dieses haßte endlich ich dich so,
Wie dich mein dunkles Ahnen stets gehaßt,
Und wich dir aus.
Dann trieb mich mein Geschick,
Das endlich mich Zerbrochnen segnete,
Mit einem Ziel und Willen in der Brust –
Die nicht in deiner giftgen Nähe ganz
Für alle Triebe abgestorben war –
Ja, für ein Hohes trieb mich mein Geschick
In dieser Mörderklinge herben Tod,
Der mich in einen Straßengraben warf,
Darin ich liegend langsam moderte
Um Dinge, die du nicht begreifen kannst,
Und dreimal selig dennoch gegen dich,
Der keinem etwas war und keiner ihm.

Er geht ab.

Claudio

Wohl keinem etwas, keiner etwas mir.

Sich langsam aufrichtend:

Wie auf der Bühn ein schlechter Komödiant –
Aufs Stichwort kommt er, redt sein Teil und geht
Gleichgültig gegen alles andre, stumpf,
Vom Klang der eignen Stimme ungerührt
Und hohlen Tones andre rührend nicht:

So über diese Lebensbühne hin
Bin ich gegangen ohne Kraft und Wert.
Warum geschah mir das? Warum, du Tod,
Mußt du mich lehren erst das Leben sehen,
Nicht wie durch einen Schleier, wach und ganz,
Da etwas weckend, so vorübergehen?
Warum bemächtigt sich des Kindersinns
So hohe Ahnung von den Lebensdingen,
Daß dann die Dinge, wenn sie wirklich sind,
Nur schale Schauer des Erinnerns bringen?
Warum erklingt uns nicht ein Geigenspiel,
Aufwühlend die verborgne Geisterwelt,
Die unser Busen heimlich hält,
Verschüttet, dem Bewußtsein so verschwiegen,
Wie Blumen im Geröll verschüttet liegen?
Könnt ich mit dir sein, wo man dich nur hört,
Nicht von verworrner Kleinlichkeit verstört!
Ich kanns! Gewähre, was du mir gedroht:
Da tot mein Leben war, sei du mein Leben, Tod!
Was zwingt mich, der ich beides nicht erkenne,
Daß ich dich Tod und jenes Leben nenne?
In eine Stunde kannst du Leben pressen,
Mehr als das ganze Leben konnte halten,
Das schattenhafte will ich ganz vergessen
Und weih mich deinen Wundern und Gewalten.

Er besinnt sich einen Augenblick.

Kann sein, dies ist nur sterbendes Besinnen,
Heraufgespült vom tödlich wachen Blut,
Doch hab ich nie mit allen Lebenssinnen
So viel ergriffen, und so nenn ichs gut!
Wenn ich jetzt ausgelöscht hinsterben soll,
Mein Hirn von dieser Stunde also voll,
Dann schwinde alles blasse Leben hin:

Erst, da ich sterbe, spür ich, daß ich bin.
Wenn einer träumt, so kann ein Übermaß
Geträumten Fühlens ihn erwachen machen,
So wach ich jetzt, im Fühlensübermaß
Vom Lebenstraum, wohl auf im Todeswachen.

Er sinkt tot zu den Füßen des Todes nieder.

Der Tod

indem er kopfschüttelnd langsam abgeht

Wie wundervoll sind diese Wesen,
Die, was nicht deutbar, dennoch deuten,
Was nie geschrieben wurde, lesen,
Verworrenes beherrschend binden
Und Wege noch im Ewig-Dunkeln finden.

Er verschwindet in der Mitteltür, seine Worte verklingen. Im Zimmer bleibt es still. Draußen sieht man durchs Fenster den Tod geigenspielend vorübergehen, hinter ihm die Mutter, auch das Mädchen, dicht bei ihnen eine Claudio gleichende Gestalt.

JEDERMANN

DAS SPIEL VOM STERBEN DES REICHEN MANNES

Personen

GOTT DER HERR
ERZENGEL MICHAEL
TOD
TEUFEL
JEDERMANN
JEDERMANNS MUTTER
JEDERMANNS GUTER GESELL
DER HAUSVOGT
DER KOCH
EIN ARMER NACHBAR
EIN SCHULDKNECHT
DES SCHULDKNECHTS WEIB
BUHLSCHAFT
DICKER VETTER
DÜNNER VETTER
ETLICHE JUNGE FRÄULEIN
ETLICHE VON JEDERMANNS TISCHGESELLEN
BÜTTEL
KNECHTE
SPIELLEUTE
BUBEN

MAMMON
WERKE
GLAUBE
MÖNCH
ENGEL

SPIELANSAGER

tritt vor und sagt das Spiel an.

Jetzt habet allsamt Achtung Leut Und hört was wir vorstellen heut! Ist als ein geistlich Spiel bewandt Vorladung Jedermanns ist es zubenannt. Darin Euch wird gewiesen werden, Wie unsere Tag und Werk auf Erden Vergänglich sind und hinfällig gar. Der Hergang ist recht schön und klar, Der Stoff ist kostbar von dem Spiel Dahinter aber liegt noch viel Das müßt Ihr zu Gemüt führen Und aus dem Inhalt die Lehr ausspüren.

GOTT DER HERR

(*wird sichtbar auf seinem Thron und spricht*):

Fürwahr mag länger das nit ertragen, Daß alle Kreatur gegen mich Ihr Herz verhärtet böslich, Daß sie ohn einige Furcht vor mir Schmählicher hinleben als das Getier. Des geistlichen Auges sind sie erblindt In Sünd ersoffen, das ist was sie sind, Und kennen mich nit für ihren Gott, Ihr Trachten geht auf irdisch Gut allein Und was darüber, das ist ihr Spott, Und wie ich sie mir anschau zur Stund So han sie rein vergessen den Bund Den ich mit ihnen aufgericht hab Da ich am Holz mein Blut hingab. Auf daß sie sollten das Leben erlangen Bin ich am Marterholz gehangen. Hab ihnen die Dörn aus dem Fuß getan Und auf meinem Haupt sie getragen als Kron. So viel ich vermocht, hab ich vollbracht Und nun wird meiner schlecht geacht. Darum will ich in rechter Eil Gerichtstag halten über sie Und Jedermann richten nach seinem Teil. Wo bist du, Tod, mein starker Bot? Tritt vor mich hin.

TOD:

Allmächtiger Gott, hier sieh mich stehn, Nach deinem Befehl werd ich botengehn.

GOTT:

Geh du zu Jedermann und zeig in meinem Namen ihm an Er muß eine Pilgerschaft antreten Mit dieser Stund und heutigem Tag Der er sich nicht entziehen mag. Und heiß ihn mitbringen sein Rechenbuch Und daß er nicht Aufschub, noch Zögerung such.

TOD:

Herr, ich will die ganze Welt abrennen Und sie heimsuchen Groß und Klein, Die Gotts Gesetze nit erkennen Und unter das Vieh gefallen sein. Der sein Herz hat auf irdisch Gut geworfen, Den will ich mit einem Streich treffen, Daß seine Augen brechen Und er nit findt die Himmelspforten Es sei denn, daß Almosen und Mildtätigkeit Befreundt ihm wären und hilfsbereit.

JEDERMANN

(*tritt aus seinem Haus hervor, ein Knecht hinter ihm.*)

JEDERMANN:

Spring du um meinen Hausvogt schnell, Muß ihm aufgeben einen Befehl.

(*Der Knecht geht hinein.*)

Mein Haus hat ein gut Ansehn, das ist wahr, Steht stattlich da, vornehm und reich, Kommt in der Stadt kein andres gleich. Hab drin köstlichen Hausrat die Meng, Viele Truhen, viele Spind, Dazu ein großes Hausgesind, Einen schönen Schatz von gutem Geld Und vor den Toren manch Stück Feld, Auch Landsitz, Meierhöf voll Vieh, Von denen ich Zins und Renten zieh, Daß ich mir wahrlich machen mag, So heut wie morgen fröhliche Tag.

(*Hausvogt tritt auf.*)

JEDERMANN:

Vogt, bring einen Säckel Geldes straff, Den hab ich vergessen in Gürtel zu tun, Und merk, was ich dir noch anschaff: Für morgen wird ein Frühmahl gericht, Das muß bereit't sein aufs allerbest Kommen Verwandte und fremde Gäst. Der Tisch muß prächtig sein bestellt, Schick her den Koch, du geh ums Geld.

(*Vogt geht hinein, Koch tritt sogleich auf.*)

JEDERMANN:

Ein köstlich Frühmahl befehl ich an Für morgen.

KOCH:

Ja, und soll ich dann Einen jeden Gang bereiten frisch?

JEDERMANN:

Daß dich das Fieber rüttel, frisch! Kein Überbleibsel auf meinen Tisch.

KOCH:

Es wär von gestern geblieben die Meng Zumindest für zwei kalte Gäng.

JEDERMANN:

Du Esels-Koch bist so vermessen, Soll ich eine Bettlermahlzeit essen?

(*Der Koch geht ab. Der Vogt ist herausgekommen mit einem Beutel. Jedermann nimmt den Beutel.*)

JEDERMANN:

Acht du auf meine Mägd und Knecht, Gefallen mir allermaßen nit recht.

(*Der arme Nachbar wird in der Ferne sichtbar, nähert sich ängstlich. Jedermanns Geselle kommt zugleich raschen Schrittes die Straße hergegangen.*)

JEDERMANN

(*zum Hausvogt*):

Dafür stehst du an der obersten Stell, Daß du auf sie – da kommt mein Gesell.

(*Hausvogt geht ins Haus.*)

Hätt beinah müssen auf dich warten, Wir wollen jetzt vors Stadttor gehen Und uns dort das Grundstück ansehen, Obs tauglich ist für einen Lustgarten.

GESELL:

Hast Fortunati Säckel in der Hand, Dann ist die Sach schon recht bewandt. Ja, bei dir gilts: gewünscht ist schon getan, Du hasts danach, drum steht dirs an.

ARMER NACHBAR:

Das ist des reichen Jedermann Haus. Oh, Herr, dich bitt ich überaus Wollest dich hilfreich meiner erbarmen, Mildtätig beistehn einem Armen.

GESELL

(*zu Jedermann*):

Ja, wie gesprochen, wir müssen eilen, Dürfen uns gar nit länger verweilen.

ARMER NACHBAR

(*hebt bittend die Hände*):

Oh, Jedermann, erbarm dich mein.

GESELL:

Kennst du leicht das Gesicht?

JEDERMANN:

Ich? Wer solls sein?

ARMER NACHBAR:

Oh, Jedermann, zu dir heb ich die Hand, Hab auch einst bessre Tag gekannt. War einst dein Nachbar, Haus bei Haus, Dann hab ich müssen weichen draus.

JEDERMANN

(*gibt ihm eine Münze aus dem Gürtel*):

Schon gut!

ARMER NACHBAR

(*nimmts nicht*):

Das ist eine Gabe gering.

JEDERMANN:

Meinst du? Gottsblut! So reut mich doch das Ding.

ARMER NACHBAR

(*weist auf den Beutel*):

Davon mein nachbarlich Bruderteil, So wär ich wieder gesund und heil.

JEDERMANN:

Davon?

ARMER NACHBAR:

Es ist an dem, ich knie vor dir, Nur diesen Beutel teil mit mir.

JEDERMANN

(*lacht*):

Nur?

GESELL:

Selbig ist besessen alls! Hättst tausend Bettler auf dem Hals. Was tausend, hunderttausend gleich!

ARMER NACHBAR:

Bist allermaßen mächtig reich. Teilst du den Beutel auf gleich und gleich, Dir bleiben die Truhen voll im Haus, Dir fließen Zins und Renten zu.

JEDERMANN:

Mann, wer heißt dich, mein Schrank und Truh, Mein Zins und Rent in Mund nehmen?

GESELL:

Ich tät mich allerwegen schämen.

JEDERMANN:

Laß! – Mann, da bist du in der Irr, Wenn du meinst, ich könnt ohnweilen Den Beutel Geld da mit dir teilen. Das Geld ist gar nit länger mein, Muß heut noch abgeliefert sein Als Kaufschilling für einen Lustgarten. Ich steh dem Verkäufer dafür im Wort, Er will aufs Geld nit länger warten.

ARMER NACHBAR:

Wenn dieses Geld für den Garten ist, So brauchts für dich nur einen Wink, Für einen Beutel hast du zehn, Heiß einen andern bringen flink, Den teil mit mir, bist du ein Christ.

JEDERMANN:

Der nächste, brächt man ihn herbei, Der Beutel, der wär auch nit frei. Mein Geld muß für mich werken und laufen Mit Tod und Teufel hart sich raufen, Weit reisen und auf Zins ausliegen, Damit ich soll, was mir zusteht, kriegen. Auch kosten mich meine Häuser gar viel, Pferd halten, Hund und Hausgesind Und was die andern Dinge sind, Die alleweil zu der Sach gehören, Lustgärten, Fischteich, Jagdgeheg, Das braucht mehr Pfleg als ein klein Kind, Muß stets daran gebessert sein, Kost' alls viel Geld, muß noch viel Geld hinein. „Ein reicher Mann“ ist schnell gesagt, Doch unsereins ist hart geplagt Und allerwegen hergenommen, Das ist dir nicht zu Sinn kommen! Da läufts einher von weit und breit Mit Anspruch und Bedürftigkeit Tät unsereins nit der Schritte drei Von hier bis an die nächste Wand Ohn eine allzeit offne Hand. Ist alls schon recht, muß nur dafür Ein Fug und ein Gesetz auch walten Und jeglich Teil daran sich halten. Und achten gnau was ihm gebühr: Dawider hast du dich verfehlt, Wär all mein Geld und Gut gezählt Und ausgeteilt auf jeglichen Christ, Der Almosens bedürftig ist, Es käm mein Seel nit mehr auf dich Als dieser Schilling sicherlich, Drum empfang ihn unverweil, Ist dein gebührend richtig Teil.

(*Nachbar nimmt den Schilling und geht.*)

GESELL:

Dem hast dus geben recht mit Fug, Ja, das weiß Gott, viel Geld macht klug.

JEDERMANN:

Nun wollen wir gehen, es dustert schon.

(*Schuldknecht kommt, von zwei Bütteln geführt, hinter ihm sein Weib und seine Kinder in Lumpen.*)

GESELL:

Was ist das für einer Mutter Sohn, Den sie da bringen hergeführt, Die Arme kreuzweis aufgeschnürt? Mich dünkt, das geht an ein Schuldturmwerfen, Hätt sich auch mehr in acht nehmen derfen. Jetzt muß er's bei Wasser und Brot bedenken Oder sich an einen Nagel henken. Ja, Mann, du hast halt ein Reimspiel trieben Und Schulden auf Gulden, die reimen gar gut.

SCHULDKNECHT:

Hat mancher sein Schuldbuch nit in der Hut Und ist drin vieles in Übel geschrieben.

JEDERMANN:

Auf wen geht das?

SCHULDKNECHT:

Auf den, der fragt allweil.

JEDERMANN:

Bins nit bewußt für meinen Teil, Weiß nit, für wen du mich willst nehmen.

SCHULDKNECHT:

In deiner Haut wollt ich mich schämen.

JEDERMANN:

Gibst harte Wort mir ohn Gebühr, Dir gehts nit wohl, was kann ich dafür?

SCHULDKNECHT:

Für harte Stöß sind sanft meine Wort.

JEDERMANN:

Wer stößt dich?

SCHULDKNECHT:

Du, an einen harten Ort.

JEDERMANN:

Ich kenn dich auch vom Ansehen nit.

SCHULDKNECHT:

Ist doch dein Fuß, der auf mich tritt.

JEDERMANN:

Das wär mir seltsam, daß ich so tät Und nichts davon in Wissen hätt.

SCHULDKNECHT:

Dein Nam steht auf einem Schuldschein, Der bringt mich in diesen Kerker hinein.

JEDERMANN:

Bei meinem Patron, was geht's mich an?

SCHULDKNECHT:

Bist doch der selbige Jedermann, In dessen Namen und Antrag Beschehn ist wider mich die Klag! Daß ich in einen Turm werd bracht Geschieht allein durch deine Vollmacht.

JEDERMANN

(*tritt hinter sich*):

Ich wasch in Unschuld meine Händ Als einer, der diese Sach nit kennt.

SCHULDKNECHT:

Deine Helfers-Helfer und Werkzeug halt, Die tun mir Leibes- und Lebensgewalt. Der Hintermann bist du von der Sach, Das bring dir zeitlich und ewig Schmach. In Grund und Boden sollst dich schämen.

JEDERMANN:

Wer hieß dich Geld auf Zinsen nehmen? Nun hast du den gerechten Lohn. Mein Geld weiß nit von dir noch mir Und kennt kein Ansehen der Person. Verstrichne Zeit, verfallner Tag, Gegen die bring deine Klag.

SCHULDKNECHT:

Er höhnt und spottet meiner Not! Da seht ihr einen reichen Mann. Sein Herz weiß nichts von Gotts Gebot, Hat tausend Schuldbrief in seinem Schrein Und läßt uns Arme in Not und Pein.

SCHULDKNECHTS WEIB:

Kannst du dich nit erbarmen hier, Zerreißen ein verflucht Papier, Anstatt daß meinen Kindern da Der Vater wird in Turm geschmissen, Von dem dir nie kein Leid geschah! Hast du kein Ehr und kein Gewissen, Trägst du mit Ruh der Waisen Fluch Und denkst nit an dein eigen Schuldbuch, Das du mußt vor den Richter bringen, Wenns kommt zu den vier letzten Dingen?

JEDERMANN:

Weib, du sprichst was du schlecht verstehst, Es ist aus Bosheit nit gewest Man hat sich voll und recht bedacht, Eh man die scharfe Klag einbracht. Geld ist wie eine andere War Das sind Verträg und Rechte klar.

GESELL:

Wär schimpflich um die Welt bestellt Wenns anders herging in der Welt.

SCHULDKNECHTS WEIB:

Geld ist ein Pfennig, den eins leiht Dem Nächsten um Gottes Barmherzigkeit.

SCHULDKNECHT:

Geld ist nicht so wie andre War Ist ein verflucht und zaubrisch Wesen, Wer seine Hand ausreckt darnach Nimmt an der Seele Schaden und Schmach, Davon er nimmer wird genesen. Des Satans Fangnetz in der Welt Hat keinen andern Nam als Geld.

JEDERMANN:

Du lästerst als ein rechter Narr, Weiß nicht wozu ich hier verharr, Gibst vor, du achtest das Geld gering Und war dir schier ein göttlich Ding! Nun möchtest ihm sein Ansehen rauben, Bist wie der Fuchs mit sauern Trauben. Doch wer so hinterm Rücken schmäht, Der findt keinen Glauben für seine Red.

SCHULDKNECHT:

Aus meinen Leiden hab ich Gewinn Daß ich vermag in meinem Sinn Des Teufels Fallstrick zu erkennen Und meine Seel vom Geld abtrennen.

GESELL:

Geld ist längst abgetrennt von dir Drum hast dort im Turm Quartier.

JEDERMANN:

Nimm die Belehrung von mir an Das war ein weiser und hoher Mann Der uns das Geld ersonnen hat, An niederen Tauschens und Kramens statt Dadurch ist unsere ganze Welt In ein höher Ansehen gestellt Und jeder

Mensch in seinem Bereich Schier einer kleinen Gottheit gleich. Daß er in seinem Machtbezirk Gar viel hervorbring und bewirk. Gar vieles zieht er sich herbei Und ohn viel Aufsehen und Geschrei, Beherrscht er abertausend Händ, Ist allerwegen ein Regent. Da ist kein Ding zu hoch noch fest, Das sich um Geld nicht kaufen läßt. Du kaufst das Land mitsamt dem Knecht Ja, von des Kaisers verbrieftem Recht Das alle Zeit unschätzbar ist Und eingesetzt von Jesu Christ Davon ist ein gerechtsam Teil Für Geld halt allerwegen feil, Darüber weiß ich keine Gewalt, Vor der muß jeglicher sich neigen Und muß die Reverenz bezeigen Dem, was ich da in Händen halt.

SCHULDKNECHTS WEIB:

Du bist in Teufels Lob nit faul, Wie zu der Predigt geht dein Maul. Gibst da dem Mammonsbeutel Ehr, Als obs das Tabernakel wär.

JEDERMANN:

Ich gebe Ehr, wem Ehr gebühr, Und läster nicht wo ich die Macht verspür.

SCHULDKNECHT

(*indem ihn die Büttel fortschleppen*):

Was hilft dein Weinen, liebe Frau, Der Mammon hat mich in der Klau. Warum hab ich mich ihm ergeben, Nun ists vorbei mit diesem Leben.

(*Sie führen ihn ab.*)

SCHULDKNECHTS WEIB:

Kannst du das sehn und stehst wie Stein? Wo bett ich heut die Kinder mein?

(*Geht ihm nach.*)

JEDERMANN

(*zum Gesellen*):

Tu mirs zulieb, geh da hint nach Und sieh im stillen zu der Sach. Der Mann kommt in Turm, da mag nichts frommen, Dem Weib gewähr ich ein Unterkommen Und was sie nötig hat zum Leben Zusamt den Kindern, das will ich ihr geben. Mein Hausvogt soll mir darnach sehn Und ihr freimachen eine Kammer Doch will ich Plärrens ledig gehn Ihre Not nicht wissen, noch Gejammer. Das ist ein erzverdrießlich Sach Man lebt geruhig vor sich hin Hat wahrlich Böses nit im Sinn Und wird am allerschönsten Tag Hineingezogen und weiß nit wie In Hader, Bitternis und Klag Und aufgescheucht aus seiner Ruh. Ich frag dich, wie komm ich dazu: Was geht mich an dem Kerl sein Taglauf? Er hats halt angelegt darauf, Nun steckt er drin, schreit ach und weh Das folgt halt wie aufs A das B. Ein Häusel baun mit fremdem Geld, Wer also haust, um den ists so bestellt. Das ist seit Adams Zeit der Lauf, Ist nit erst kürzlich kommen auf. Zum Schluß aber tät ers in d' Schuh schieben, Dem, so er Haufen Geldes schuldig blieben. Dess Langmut und Geduld arg viel Hat müssen herhalten zu dem Spiel Der selbig erbarmungsvolle Mann Der wär ihm gar ein Teufel dann. Jetzt aber, daß ich es ehrlich sag, Steht mir der Sinn nit mehr darnach, Daß ich einen Lustgarten anschau, Auch wird es duster schon und grau. Tu mir die Lieb, mein guter Gesell, Wenn du das andre besorgt hast schnell, Trag den Kaufschilling da zurecht, Weil die Versäumnis mir Ärgernis brächt. Der Garten zusamt dem Lusthaus drein Soll alls für meine Freundin sein Auf einen Jahrtag ein Angebind.

GESELL:

Bei der ich dich doch heut Abend find? Ich bring dir den Kaufbrief gleich dahin Ausgefertigt nach deinem Sinn.

JEDERMANN:

Hab vielen Dank, du guter Gesell, Mich drängts, daß ich dort hinkomm schnell Ist doch der einzige Ort in der Welt, Wo nichts mir meine Lust vergällt. Ist recht ein paradiesisch Gut Was ihre Lieb mir bereiten tut. Darum hab ich im Willen dies Ding Daß ich ein Angebind ihr bring, Darin ich wie in einem Gleichnis und Spiegel Ihr meine Dankbarkeit besiegel.

GESELL:

Wie willst das tun, in welcher Weis?

JEDERMANN:

Dazu richt ich den Garten mit Fleiß Und stell inmitten ein Lusthaus hin, Das bau ich recht nach meinem Sinn Als einen offenen Altan Mit schönen steinernen Säulen daran Auch springende Wasser und erzene Bild Die sollen nicht fehlen zur vollen Zier Und dann ich die Anlag also führ, Daß unter dem Morgen- und Abendwind Ein Ruch von Blumen mancher Art Daherstreich allezeit gelind Von Lilien, Rosen und Nelken zart. Auch führ ich jederseits Gäng und Bogen Von Buschwerk alls so dicht gezogen, Daß eines noch zu hellem Mittag Sich Kühl und Frieden finden mag Und einen ungequälten Ort, Der von der Sonne niemals dorrt. Desgleichen an einer verborgenen Stätte Recht wie der Nymphe quillend Bette Laß ich aus kühlem glatten Stein Eine fließende Badstub errichtet sein.

GESELL:

Das wird ein köstlich Gärtlein, fürwahr, Und seinesgleichen nit leicht zu finden.

JEDERMANN:

Das will ich meiner Liebsten einbinden Und nehm sie dann an beide Händ Und führ sie hinein, damit sie erkennt In diesem Gärtlein köstlich und mild Ihr eigen abgespiegelt Bild. Die allzeit liebreich mich ergetzt Mit Hitz und Schattenkühl mich letzt Und einem verschlossenen Gärtlein gleich Den Gärtner selig macht und reich.

GESELL:

Da seh ich deine Frau Mutter kommen, Wird dir jetzt die Begegnung frommen?

JEDERMANN:

Drück mich nit gern vor ihr beiseit, Hab aber wahrlich nit viel Zeit. Geh du, bring mir zurecht die Ding, Indessen ich meinen Gruß darbring.

JEDERMANNS MUTTER:

Bin froh, mein Sohn, daß ich dich seh Geschieht mir so im Herzen weh Daß über weltlich Geschäftigkeit Dir bleibt für mich geringe Zeit.

JEDERMANN:

Die Abendluft ist übler Art Und deine Gesundheit gebrechlich und zart, Kann dich mit Sorgen nur hier sehn Möchtest nit ins Haus eingehn?

JEDERMANNS MUTTER:

Gehst du dann mit und bleibst daheim?

JEDERMANN:

Für diesen Abend kanns nit wohl sein.

JEDERMANNS MUTTER:

So darfst dich nit verdrießen lassen, Daß ich dich halt hier auf der Gassen.

JEDERMANN:

Ist mir gar sehr um deine Gesund Vielleicht wir könnten zu anderer Stund –

JEDERMANNS MUTTER:

Um meine Gesundheit kein Sorg nit hab, Ich steh mit einem Fuß im Grab. Mir gehts nit um mein zeitlich Teil, Doch dester mehr ums ewig Heil. Verziehst du dein Gesicht, mein Sohn, Wenn ich die Red anheb davon? Und wird die Frag dich recht beschweren, Wenn ich dich mahn, ob deine Seel Zu Gott gekehrt ist, ihrem Herrn? Trittst hinter dich vor Ungeduld Und mehrest lieber Sündenschuld, Als in dich gehen ohne Spott Und recht betrachten deinen Gott? Da doch von heut auf morgen leicht, Eine Botschaft dich von ihm erreicht Du sollest vor seinen Gerichtstuhl gehen Und von deinem ganzen Erdenleben Eine klare Rechnung vor ihm geben.

JEDERMANN:

Frau Mutter, spotten ist mir fern Doch weiß ich, die Pfaffen drohen halt gern. Das ist nun einmal ihr Sach in der Welt, Ist abgesehen auf unser Geld, Damit sies bringen auf ihre Seit, Sie wissens zu fädeln gar gescheit. Doch kränkts mich wie sie Alten und Kranken In Kopf nichts bringen, als finstre Gedanken.

JEDERMANNS MUTTER:

Die Finsternis ist wo anders dicht, Doch solche Gedanken sind hell und licht. Wer recht in seinem Leben tut, Den überkommt ein starker Mut Und ihn erfreut des Todes Stund Darin ihm Seligkeit wird kund. Oh, wem die Stunde des Tods allweg Recht wohl betrachtet am Herzen läg Um den braucht einer Mutter Herz Nit Sorgen tragen und üblen Schmerz.

JEDERMANN:

Wir sind gute Christen und hören Predig Geben Almosen und sind ledig.

JEDERMANNS MUTTER:

Wie aber, wenn beim Posaunenschall Du von deinen Reichtümern all Ihm sollst eine klare Rechnung geben Um ewigen Tod oder ewiges Leben? Mein Sohn, es ist ein arg Ding zu sterben, Doch ärger noch auf ewig verderben.

JEDERMANN:

Auf vierzig Jahre bin ich kaum alt, Mich wird eins halt nit mit Gewalt Von meinen irdischen Freuden schrecken.

JEDERMANNS MUTTER:

Willst du den Kopf in den Sand stecken Und siehst den Tod nit, Jedermann, Der mag allstund dich treten an?

JEDERMANN:

Bin jung im Herzen und wohl gesund Und will mich freuen meine Stund, Es wird die andere Zeit schon kommen, Wo Buß und Einkehr mir wird frommen.

JEDERMANNS MUTTER:

Das Leben flieht wie Sand dahin, Doch schwer umkehret sich der Sinn.

JEDERMANN:

Frau Mutter, mir ist das Reden leid, Hab schon gesagt, hab heut nit Zeit.

JEDERMANNS MUTTER:

Mein lieber Sohn!

JEDERMANN:

Bin sonst allzeit Gehorsam gern und dienstbereit.

JEDERMANNS MUTTER:

Meine Red ist dir verdrießlich sehr, Das macht mich doppelt kummerschwer, Mein guter Sohn, ich hab ein Ahnen, Ich werd dich nimmer lang ermahnen. Fall dir zur Last noch kurze Zeit, Weil ich von hier mich bald abscheid. Doch du bleibst dann allein dahint Und bist mein unberaten Kind. So sag ich dir halt nur ein Wort, Das dich mit langer Red nit kränk, Sei deines Herrn Gotts eingedenk. Und auch seiner großen Gnadenspend, Der sieben heiligen Sakrament. Davon ein jegliches uns frommt Und unserer Schwäch zu Hilfe kommt Ein jegliches in besonderer Weis Uns stärket auf dieser Lebensreis.

JEDERMANN:

Was soll –

JEDERMANNS MUTTER:

Du bist ein stattlicher Mann Und Frauenlieb steht dir wohl an. Und hat denn unser Erlöser nicht, Der weiß, woran es uns gebricht, Und alles auf dieser Erden kennt Und alls zu unserem Segen wendt, Ein Sakrament nit eingesetzt Wodurch was also dich ergetzt Verwandelt wird und kehret sich um Aus Wollust in ein Heiligtum! Willst stets in arger Zucht umtreiben Und fremd die heilige Eh dir bleiben?

JEDERMANN:

Frau Mutter, die Red ist mir bekannt.

JEDERMANNS MUTTER:

Hat doch dein Herz nit umgewandt.

JEDERMANN:

Ist halt noch allweil die Zeit nit da.

JEDERMANNS MUTTER:

Und doch der Tod schon gar so nah.

JEDERMANN:

Ich sag nit ja, sag auch nit nein.

JEDERMANNS MUTTER:

So muß ich allweg in Ängsten sein.

JEDERMANN:

Auch morgen ist halt noch ein Tag.

JEDERMANNS MUTTER:

Wer weiß, wer den noch sehen mag.

JEDERMANN:

Macht euch nit unnütze Beschwerden, Ihr seht mich sicher noch ehlich werden.

JEDERMANNS MUTTER:

Mein guter Sohn, für dieses Wort Will ich dich segnen immerfort, Sei viel bedankt, daß mir dein Mund So schönen Vorsatz machet kund.

JEDERMANN:

Hab nit von heut noch morgen geredt.

JEDERMANNS MUTTER:

Wenn nur dein Wille dagegen nit steht. Einer Mutter Herz ist wohl gestellt Wo nur ein gutes Wörtlein hinfällt. Dein Vorsatz ist noch klein und schwach, Zielt doch auf eine heilige Sach Und daß du so geantwort' hast, Nimmt von der Brust mir schwere Last.

JEDERMANN:

Viel gute Nacht, Frau Mutter nun, Ich wünsch, du mögest sänftlich ruhn.

JEDERMANNS MUTTER:

So will ich, mein lieber guter Sohn, Und ist mir doch als ob ein Ton Gar schön wie Flöten und Schalmein In deine Worte tön herein! An solchen Zeichen und Gesicht Mirs dieser Tage nit gebricht. Ich nehm sie als eine Vermahnung hin, Daß bald ich eine Sterbende bin.

(*Geht.*)

JEDERMANN:

Nun hör ich auch ein solch Getön, Sollt also seltsam dies zugehen? O, nein, das geschieht natürlicher Weis Wie wohl ichs noch nit zu deuten weiß. Nun aber gehts nit bloß ins Ohr, Tritt auch den Augen was hervor. –

(*Buhlschaft kommt heran, von Spielleuten und Buben, die Windlichter tragen, begleitet.*)

JEDERMANN:

Das ist ja meine Buhle wert, Nach der mein Herz schon hart begehrt. Hat Spielleut mit eine ganze Schar Und kommt mich abzuholen gar.

BUHLSCHAFT:

Wer alls lang auf sich warten läßt Und ist der wertest aller Gäst, Den muß man mit Zimbeln und Windlicht Abholen und führen zu seiner Pflicht.

JEDERMANN:

Du schlägst die Lichter mit eigenem Schein, Deine Red ist süßer als Schalmein, Ist alls für mich zu dieser Stund Wie Balsam für die offne Wund.

BUHLSCHAFT:

War mir doch, eh ich zu dir trat, Als ob dir jemand nahe tat Und wär dein helle Stirn und Wangen Von einer Trübnis überhangen.

JEDERMANN:

Wie, gelt ich also viel vor dir, Daß du solch Ding erspähst an mir? So bin ich dir wahrhaftig dann Kein ältlich, unbequemer Mann?

BUHLSCHAFT:

Mit dieser Red geschieht mir weh, Dess' ich zu dir mich nit verseh. Steh nit auf grüne Buben an, Du bist mein Buhl und lieber Mann.

JEDERMANN:

Fühl mich wahrhaftig herzensjung Und selber bubenhaft genung, Und wenn ich alls kein Bub mehr bin, So zärtlicher ist drum mein Sinn.

BUHLSCHAFT:

Ein Bub liebt frech und ohne Art, Ein Mann ist großmütig und zart. Hat milde Händ und steten Sinn, Das zieht zu ihm die Frauen hin.

JEDERMANN:

Wenn eins gemahnt wär an den Tod Und hätt Melancholie und Not Und säh auf deine Lieblichkeit, Dem tät sein trübes Denken leid.

BUHLSCHAFT:

Das Wort allein macht mir schon bang, Der Tod ist wie die böse Schlang, Die unter Blumen liegt verdeckt, Darf niemals werden aufgeweckt.

JEDERMANN:

Du Süße, schaff ich dir noch Sorgen? Wir lassen sie unter Blumen verborgen Und wissen nirgend nichts von Schlangen, Als zweien, die gar hold umfangen.

BUHLSCHAFT:

Wie, wären die mir auch bekannt, Wie werden diese denn genannt?

JEDERMANN:

Das sind die lieben Arme dein, In diese sehn ich mich hinein.

(Sie küßt ihn und setzt ihm einen bunten Blumenkranz auf, den ein Bub darreicht.)

(Ein Teil der Buben läuft hinauf, streuen Blumen und wohlriechende Kräuter. Ein Tisch kommt aus dem Boden empor, reich gedeckt und mit Lichtern. Jedermann und Buhlschaft treten jedes an eine Seite der Treppe, die zum obern Gerüst emporführt. Die Gäste, zehn Junggesellen und zehn Fräulein, kommen hinein von beiden Seiten tanzend und singend.)

VORSÄNGER:

Ein Freund hat uns beschieden, Er heißet Jedermann, Der Mann ist guter Art, Hat eine Freundin zart, Drum blieb er ungemieden Und hat er uns beschieden, So treten wir heran.

ALLE:

Wohlauf antreten In fröhlichem Tanz, Schalmeien, Drommeten Wir sein hier gebeten Zu Fackeln und Glanz Und kommen mit Tanz.
Wir waren mit Blicken Nit zaghaft und bang, Nun gehts an ein Drücken Recht nah und gedrang, Wir wollen uns verstricken Und schlingen den Kranz, So wollen wir vorrücken, Das ehret den Tanz.
Ein jeder erwähle Mit liebendem Sinn Und keiner verhehle Seiner Freuden Gewinn. Wir wollen uns umstricken, Das wärmet das Blut, So wollen wir vorrücken Mit fröhlichem Mut.

JEDERMANN:

Seid allesamt willkommen sehr, Erweist mir heut die letzte Ehr.

EIN FRÄULEIN:

Daß ist ein sonderlicher Gruß.

DICKER VETTER:

Potz Maus, mein Vetter Jedermann, Wie grüßt ihr uns, was ficht euch an?

BUHLSCHAFT:

Was ist dir, was schafft dir Verdruß?

JEDERMANN:

Ist unversehens zu Mund so kommen, Ich heiß euch alle recht schön willkommen!

BUHLSCHAFT:

Nehmt, wie der Sinn euch steht, die Plätz! Ihr Buben, reicht Handwasser jetzt! Was stehst du da und siehst so fremd?

(*Sie setzen sich.*)

JEDERMANN:

Sie sitzen ja alle im Totenhemd!

BUHLSCHAFT:

Was ficht dich an, bist du mir krank?

JEDERMANN:

Haha! ein ungereimter Gedank! Ich trink jetzt einen Becher Wein, Der macht das Hirn von Dämpfen rein.

BUHLSCHAFT:

Sitz! red zu ihnen ein freundlich Wort!

JEDERMANN:

Ihr Leute, seid ihr auch recht am Ort? Ihr sehet mächtig fremd mir aus.

(*Ein Schweigen.*)

MAGERER VETTER:

Potz Velten, Vetter Jedermann, Wollt Ihr uns wiedrum treiben fort?

DICKER VETTER:

Das schafft Ihr nicht so leicht, Potz Maus, Dazu ist Euer Koch zu gut, Auch geht der Wein recht warm ins Blut, Freu mich, daß ich hier seßhaft bin.

JEDERMANN:

Jawohl ... nur bloß ... mir steht zu Sinn, Wie ihr da seid hereingelaufen, So könnte ich euch alle kaufen Und wiederum verkaufen auch, Daß es mir nit so nahe ging Als eines Fingernagels Bruch.

EIN GAST:

Was soll uns dieser grobe Spruch?

EIN FRÄULEIN:

Was meint er nur mit diesem Ding?

DICKER VETTER:

Die Reden sind sonst nit sein Brauch.

BUHLSCHAFT:

Geht die Red gleicherweis auf mich?

(*Jedermann sieht sie an.*)

EIN GAST:

Ist recht eines reichen Manns Red, Gar überfrech und aufgebläht.

BUHLSCHAFT:

Dein Blick ist starr und fürchterlich, Für was willst du mich strafen, sprich.

JEDERMANN:

Dich strafen, Süße, ist mir fern, Lieb dich gleich meinem Augenstern, Hab müssen denken von ungefähr Wie deine Miene beschaffen wär, Wenn dir auf eins zukäm die Kund, Daß ich müßt sterben zu dieser Stund.

BUHLSCHAFT:

Um Christi Willen, was ficht dich an, Mein Buhle traut, mein lieber Mann, Ich bin bei dir, sieh doch auf mich, Dein bin ich heut und ewiglich.

JEDERMANN:

Wenn ich dann spräch: Bleibst du bei mir? Willst dort bei mir sein so wie hier? Willst mich geleiten nach der Stätte Und teilen mein eiskaltes Bette? Fielest ohnmächtig mir zu Füßen, So hätte ich meine Frag zu büßen! Wollt ich trotzdem des Wegs dich locken Tät dir das Blut in Adern stocken, Wäre mir gedoppelt Marterqual Und Gall und Essig allzumal, Wenn ich müßt sehen mit eigenen Augen Wie deine süßen Schwür nit taugen Und wie du lösest deine Händ Aus meinen Händen gar am End Und deinen Mund von meinem Mund Abtrennest in der letzten Stund. O weh.

(*Er seufzt.*)

BUHLSCHAFT:

Ihr lieben Vettern und Leut, Mein Liebster ist besonders heut, Weiß nit, wes ich mich soll versehn, Könnt ihr mit Rat mir nit beistehn?

(*Jedermann starrt vor sich und tut sich den Kranz aus dem Haar.*)

Er sitzt nit fröhlich und gepaart Und redt von Dingen aus der Art, Hab nie zuvor ihn so gesehn, Weiß nit was ihm mag sein beschehen!

MAGERER VETTER:

Potz Velten, Vetter Jedermann, Habt Ihr leicht die Melancholie? Wenn nit, was sonsten ficht Euch an?

DICKER VETTER:

Kenn das, sitzt hinterwärts der Stirn Ist eine Trockenheit im Hirn Ist mir von meinem Herrn Vater bekannt Mit ihm wars öfter so bewandt. Mußt brav eines trinken, mit Vergunst Daß dir der Wein das Hirn aufdunst.

EIN FRÄULEIN:

Gehört ein Absud in den Wein Von Nießwurz, Veilchen oder Hanf.

DICKER VETTER:

Hier Buben machet heiß den Wein Daß er fast glühender aufdampf Und tut ein Zimmet und Ingwer ein.

(*Sie machen hinten den Wein glühend auf einer Pfanne.*)

EIN ANDERES FRÄULEIN:

Hab sagen hören es gibt einen Stein Den trägt die Schwalbe in ihrem Bauch Den haben die großen Ärzt im Brauch Heißt Chelidonius.

MAGERER VETTER:

Nein Calcedon! Hab öfter reden hören davon. Ist mächtig gegen die Melancholie.

EIN DRITTES FRÄULEIN:

Ich mein, er müßt mit der Sympathie Kuriert sein. Ist giftiger Hauch Im Spiel hier oder böser Blick. Wär mir mein Liebster also krank. Ich täts probieren ohne Wank.

DIE ZWEITE:

Was tätst probieren?

DIE DRITTE:

Ist geheim! Darf in gemeinem Mund nit sein Verliert sonst seine verborgne Kraft.

DIE ZWEITE:

Von wo hast du die Wissenschaft?

DIE DRITTE:

Habs halt einmal und gebs nit preis. Sags aber ihr ins Ohren leis.

(Steht auf, flüstert Buhlschaft ins Ohr. Gleichzeitig reden mehrere unten am Tisch das Folgende.)

EIN GAST:

Wenn eins halt allzeit lebt zu gut Das schafft ihm ein verdicktes Blut, Einen armen und beschwerten Mann Käm die Melancholie nit an.

EIN FRÄULEIN:

Was heißen sie denn die Spielleut nit Anheben mit Blasen und Geigenstreichen Davor muß immer der Trübsinn weichen.

EIN ANDERES FRÄULEIN:

Wir wollen anheben zu singen was Davon schon öfter einer genaß.

EIN GAST:

Darf aber ein züchtig Lied nur sein.

EIN ANDERER:

Sie singt nit anders als zart und fein.

DER EINE GAST:

Kennt Ihr das Lied, das anhebt so? „In süßen Freuden geht die Zeit" Davon so dünkt mich müßt einer zur Stund Wenn er es anhört, werden gesund.

DAS EINE FRÄULEIN:

Nein lasset doch, sind wir denn Pfaffen? Was soll ein geistlich Lied uns schaffen?

GAST:

Ist nie und nimmer kein Pfaffenlied Der Türmer singts wenn die Sonn aufzieht.

DAS EINE FRÄULEIN:

Ich weiß ein anderes singen wir das.

DAS ANDERE FRÄULEIN:

Ei was?

DER EINE GAST

(*indem er sie küßt*):

Ei was, wenns regnet ist's naß.

DAS ANDERE FRÄULEIN:

„Floret silva undique“ „Um meinen Gesellen ist mir weh.“

DER EINE GAST

(*spottet ihr nach*):

„Floret silva undique“ „Um ihren Gesellen ist ihr weh“.

DAS GLEICHE FRÄULEIN:

„Er ist geritten von hinnen“ „O weh, wer soll mich minnen!“

EIN ANDERER GAST

(*fällt ein*):

„Steht auch der Wald voll grünen Schoß“ „Wohin doch ist mein Traugenoß“.

(*Jedermann hat indes den Becher Glühwein ausgetrunken und sieht mit fröhlicher Miene umher.*)

JEDERMANN:

Seid fröhlich, Vettern und liebe Gäst, Mir ist nit just recht wohl gewest Ein Trunk hat mich gemacht gesund Nun grüß ich erst meine Tafelrund. War mir als läg was auf der Brust, Nun hab ich doppelt Lebenslust Bin froh daß wir beisammen sein Ist mir ein rechter Freudenwein. Schwillt mir das Herz so übervoll Weiß gar nit wie ichs sagen soll Sind köstlich Ding doch auf der Welt Ist herrlich gar um uns bestellt. Ja Lieb und Freundschaft, die zwei sind viel wert Wer die hat, des Herz nit mehr begehrt. Kommt Wein dazu und Saitenspiel So ist's schon über Maßen viel. Ich hab Euch recht lieb, Ihr lieben Gäst Ich bitt Euch nützt die Stund aufs Best. Laßt Eure Kehl nit untätig sein Ein Lied geh aus, wo eingeht der Wein. Verschränket Eure Stimmen aufs Best Und haltet sänftlich die Liebste fest. Genützt sei eine schöne Stund Mit Hand und Aug und Herz und Mund! Ja laßt Euch nit lang gebeten sein Und singt uns eins, lieber Vetter mein.

DER DICKE VETTER:

Mein dünner Vetter, o weh o weh Nun kommt sein Lied vom kalten Schnee.

(*Sie singen lachend.*)

DER DÜNNE VETTER

(*singt*):

O weh o weh Frau Minne mir ist weh Frau Minne! Greif her wie sehr ich brinne O weh! Ein kalter kalter Schnee Er müßt vor Glut zerrinnen Darin das Herz erstickt! Wollt helfen mir Frau Minnen, Des wär ich hoch beglückt.

(*Alle singen mit. Man hört darein ein dumpfes Glockenläuten. Jedermann stößt sein Glas von sich.*)

JEDERMANN:

Was ist das für ein Glockenläuten! Mich dünkt es kann nichts guts bedeuten Der Schall ist laut und todesbang Schafft mir im Herzen Qual und Drang. Was läuten Glocken zu dieser Zeit?

EIN GAST:

Ist nichts zu hören weit und breit.

EIN ANDERER:

Hat einer läuten hören Glocken?

EIN FRÄULEIN:

Was Glocken, was wird von Glocken geredt?

EIN ANDERER:

Wär eins zu früh zur Morgenmett!

BUHLSCHAFT:

Ich bitt Euch laßt das Singen nit stocken.

EIN GAST:

Hat einer von Euch was läuten hören?

EIN ANDERER

(*lachend*):

Nit läuten meiner Seel noch schlagen.

BUHLSCHAFT:

Laßt Euch im Singen doch nit stören.

JEDERMANN:

Ich bitt Euch hat alls nichts zu sagen Jetzt hör ichs nimmer ist alls schon gut.

DICKER VETTER:

Kommt alls von einem trägen Blut. Ich laß Euch wärmen ein Becherlein.

JEDERMANN:

Viel Dank, guter Vetter, laßt nur sein.

(*Er setzt sich wieder, Buhlschaft schmiegt sich an ihn. Die am untern Ende des Tisches singen.*)

„Floret silva undique"

(*und so fort als Kanon.*)

(*Indes sie singen kommt Jedermanns guter Gesell und nimmt den leeren Platz am Tische ein. Indem der Gesang leiser wird, hört man viele Stimmen rufen*):

STIMMEN:

Jedermann! Jedermann! Jedermann!

(*Jedermann springt angstvoll auf.*)

JEDERMANN:

Mein Gott wer ruft da so nach mir? Von wo werd ich gerufen so? Des werd ich im Leben nimmer froh.

GESELL:

Ei, Jedermann, ich bin zur Stell.

BUHLSCHAFT:

Sieh, Jedermann, doch, dein lieber Gesell.

JEDERMANN:

Ihr liebe Freundschaft, sagt mir an Wer ruft so gräßlich „Jedermann"?

DÜNNER VETTER:

Hat müssen grad ins Ohr dir dringen Ein Widerhall von ihrem Singen.

JEDERMANN:

Nein, nein! in fürchterlicher Weis Und laut und mächtiglich, nit leis So: Jedermann! und Jedermann! Doch anderster als ich es schaffen kann. Gar fremd und doch bekannt zugleich Aus welchem höllischen Bereich Hats müssen also nach mir schreien Des kann ich mich nimmer getrösten, nein! Jetzt, jetzt! aufs neu, so hört doch an Wie streng sie rufen „Jedermann"!

(*Man hört das gleiche Rufen wie vordem.*)

BUHLSCHAFT:

Ich hör keinen Laut.

DER DICKE VETTER:

Ich hör keinen Schall.

DER DÜNNE VETTER:

Auch nit einen leisen Widerhall.

(*Gesell tritt zu Jedermann.*)

GESELL:

Ist Ohrentrug, siehst nit wohl aus, Soll ich geleiten dich nach Haus?

JEDERMANN:

Wie ich auf Euch die Augen heft So kommen mir zurück die Kräft Ich mein, es könnt ein solches Schrein Kein zweitesmal sich hier anheben. Tut mir recht wohl der Lichterschein. Sitz nieder mein Gesell hierneben Und mögen alle lieben Gäst Zulangen und sich ergetzen aufs Best. Will morgen zu gelegner Zeit Mit einem Arzten Beratung pflegen Daß solche Zufäll aller wegen Er wohlbedacht mir hält hintan.

BUHLSCHAFT:

Mußt mirs versprechen, lieber Mann! Müßt ja vor Angst und Sorg vergehn Sollt ich dich öftern also sehn.

(*Sie essen alle weiter und sind zärtlich miteinander. Jedermann hebt sich angstvoll.*)

JEDERMANN:

Nun aber sag um Gott, mein Lieb, Was brennen die Lichter also trüb? Und wer kommt hinter mir heran? Auf Erden schreitet so kein Mann.

(*Der Tod steht da in einiger Entfernung. Alle Gäste auf.*)

TOD:

Ei Jedermann! ist so fröhlich dein Mut? Hast deinen Schöpfer ganz vergessen?

JEDERMANN:

Was fragst um das zu dieser Stund? Bekümmerts dich? wer bist? was solls?

TOD:

Von deines Schöpfers Majestät Bin ich nach dir ausgesandt Und das in Eil: drum steh ich da.

JEDERMANN:

Wie, ausgesandt nach mir?

(*Greift nach seinem Herzen.*)

Dem möchte wohl so sein. Ei ja.

TOD:

Denn ob du ihm gibst wenig Ehr In der himmlischen Sphär denkt er dein In welcher Weis, das soll dir gleich gemeldet sein.

JEDERMANN

(*die Augen gesenkt tritt hinter sich*):

Was will mein Gott von mir?

TOD:

Das will ich dich weisen. Abrechnung will er halten mit dir. Unverweilt!

JEDERMANN:

Ganz und gar bin ich unbereit Für solch ein Rechnung legen. Müßt ich das tun, da käm ich in Not Auch kenn ich dich nit, was bist du für ein Bot?

TOD:

Ich bin der Tod, ich scheu keinen Mann Tret jeglichen an und verschone keinen.

(*Es flüchten viele.*)

JEDERMANN:

Was? keine Frist willst du mir geben Und überfällst eins ungewarnt Gar mitten drin im besten Leben Gotts Blut! das ist kein ehrlich Spiel Damit erwirbst dir Ruhm nit viel Denn daß ichs nur sag, bin nit bereit, Mein Schuldbuch auch ist nit so weit Hätt ich für mich so zehn, zwölf Jahr Ich wollt es in der Ordnung han Daß keine Furcht mich gienget an Das wollt ich so steh Gott mir bei. Drum aus Gotts Gnaden laß mich hier Daß ich das Ding zur Ordnung führ.

TOD:

Hie hilft kein Weinen und kein Beten Die Reis mußt alsbald antreten.

JEDERMANN:

O Gott der Gnaden auf himmlischen Thron Erbarm dich meiner schweren Not Wird mir zum Gefährten für diesen Weg Kein anderer als du bestellt? Soll ich aus dieser Erdenwelt Hinaus, und kein Geleite haben? Und war doch hier niemals allein, Mußt allerwegen gesellig sein.

TOD:

Nun ist Geselligkeit am End Ring nit vergebner Weis die Händ Schleun dich, jetzt gehts vor Gottes Thron Dort empfängest deinen Lohn. Wie, hat dich Narren wollen bedünken Das Erdengut und dies dein Leben Wäre dir alles zu Eigen gegeben?

JEDERMANN:

So war ich vermeinend, wahrhaftig und ja.

TOD:

Nichts da, war alls dir nur geliehen. Bist du dahin erbts einen andern Und über eine Weil schlägt dem seine Stund Und er muß alles hier lassen und wandern. Ich komm halt schnell.

JEDERMANN:

Nur einen Tag! Nur diese Nacht bis Sonnaufgehn Das ich mit Reu mög in mich gehn Und hören auf des Priesters Lehr Und bessern mich nach deinem Begehr.

TOD:

Dergleichen wird von mir nit erbeten, Wo ich einen Mann tu antreten Den schlag ich auf sein Herz mit Macht Wird vorher kein Anzeig beigebracht.

JEDERMANN:

O weh! Nun ist wohl Weinens Zeit!

TOD:

Mit Weinen wird nur Zeit vertan.

JEDERMANN:

Weh über mich was heb ich an Hätt ich ein ledig Stündlein Zeit Mir zu gewinnen ein Geleit. Daß ich nicht mutterkindallein Vor meinem Richter müßte sein.

TOD:

Meinst du, daß solches dir gewinnst? Ich sag sie weigern dir den Dienst.

JEDERMANN:

Nur nit allein vor das Gericht! Nur Redens und Ratens ein Stündlein Zeit Um Christi Gotts Barmherzigkeit!

TOD:

Meinshalb, ich tret dir aus dem Gesicht, Nur merk vertu nit diese Frist Und nütz sie klüglich als ein Christ.

(*Geht hinauf, wird unsichtbar.*)

JEDERMANN

(*tritt zu seinem Gesellen*):

Mein guter Gesell, du weißts –

GESELL:

Ich weiß. War nit fünf Schritt weit, Jedermann! Wie dich der Tod hat treten an! Und hab Euch reden hören alls Schlägt mir das Herz bis an den Hals! Ein froher Mann und kerngesund Das warst du bis zu dieser Stund Nun kommt mich schier das Weinen an Wenn ich dich anschau, Jedermann.

JEDERMANN:

Hab vielen Dank, mein guter Gesell.

GESELL:

Was dir noch Not tut, sag du schnell.

JEDERMANN:

Du bist mir wahrhaft ein guter Freund Dich hab ich allzeit treu befunden.

GESELL:

Und sollst mich finden zu allen Stunden. Denn glaub du mir, ging deine Reis Geradewegs hinab zur Höll Hie fändest du den Gefährten zur Stell.

JEDERMANN:

Gott steh mir bei du lieber Mann Daß ichs um dich verdienen kann.

GESELL:

Ist von Verdienen nit die Sprach, Wär mir die allergrößte Schmach Wollt ichs mit dem Mund mich unterwinden Und sollt man in Taten mich lässig finden.

JEDERMANN:

Mein Freund!

GESELL:

Sprich frei, tu auf den Mund Muß alls mir werden offenbart Ich steh bei dir bis zur letzten Stund Recht nach guter Gesellen Art.

(Jedermann will den Mund auftun.)

GESELL:

Dein Jammer geht mir mächtig nah Soll alles was aufs Herz dir druckt Von diesem ganzen Erdenwesen Von mir getreulich sein verwesen. Sag, ist dir von etlichen Leids getan? Sie sollen ihre Strafen han, Von meiner Hand mit scharfem Eisen Und müßt ich darüber ins Gras beißen!

JEDERMANN:

Ist nit um dies mir, bei Gotts Blut!

GESELL:

Es geht dir um dein Geld und Gut Das schafft dir große Sorgenlast, Daß keine Leibeserben hast.

JEDERMANN:

Nein, Lieber, nein!

GESELL:

Braucht nit viel Wort Bei mir ist dein Vertraun am Ort Der Kaufbrief da ist wohl verwahrt Dir ist um deine Freundin zart Daß deines Reichtums auf sie komm Soviel als ihr auf immer fromm.

JEDERMANN:

Nein, Lieber Guter hör mich an.

GESELL:

Spar dir die Reden Jedermann Bist ohne viel von mir verstanden.

JEDERMANN:

Ach! ganz was anders schafft mir Qual Viel näheres, mein guter Gesell!

GESELL:

Heraus damit, laß hören schnelle Merk Freundes Mund tröst allemal.

JEDERMANN:

Ja du mein Freund!

GESELL:

Willst mich nit weisen? Könnt sein dir blieb sonst nit die Zeit.

JEDERMANN:

O weh, das wär mir bitter leid.

GESELL:

Sag deine Sach! Frisch Jedermann. Wo bliebe unsre Freundschaft dann?

JEDERMANN:

Wenn ich dir tät mein Herz aufschließen Und du, du kehrtest den Rücken mir Und ließest dich meine Red verdrießen Des hätte ich wohl zehnfach Gram und Weh!

GESELL:

Herr, wie ich zu Euch gesprochen eh So will ich tun.

JEDERMANN:

So dank dir Gott. Mir ist befohlen mich fortzuheben Der Weg ist weit und voll Beschwer Und was dann kommt, noch weit mehr, Denn ich soll eine Rechnung geben Von meinem Reichtum und all meinem Leben Vor meinem Schöpfer und höchsten Richter! Drum also komm mit mein guter Gesell Wie dus versprochen hast zur Stell.

GESELL:

Ei ja, das ist schon eine Sach Versprechen und brechen, daß wär mir Schmach Daran nur denken macht mir heiß.

JEDERMANN:

O du!

GESELL:

Doch sollt ich antreten die Reis Da heißt es sich beraten und gut.

JEDERMANN:

Was? sprachest doch auf jeglicher Straßen Wolltest nicht lebend noch tot mich verlassen, Und wär es geraden Wegs zur Höll.

GESELL:

Richtig, so war meine Red, Hand aufs Herz! Aber die Wahrheit zu vermelden Ist jetzo nicht Zeit für dergleichen Scherz. Ist fast bereits ernsthaft die Sachlag. Und dann, wenn wir die Reis wollten antreten Wann kämen wir wiederum hierher? Ei, gib doch Antwort.

JEDERMANN:

Nimmermehr. Nimmermehr bis an den jüngsten Tag.

GESELL:

Dann bei Gotts Tod bleib ich hintan Wenn in dem Sinn die Meldung beschah, Dann stehts, daß ich die Reis nit tu.

JEDERMANN:

Nit tust?

GESELL:

Nein, alsdann bleib ich am Ort. Ich sag dir, wie mir ist zu Sinn Du weißt, daß ich freimütig bin. Itzt stehts, daß ich die Reis nit tu Um keiner lebenden Seel fürwahr Auch nit um meines Herrn Vaters Lieb Gott schenk ihm ansonsten die ewige Ruh.

JEDERMANN:

Um Gott! Hast mir was anders versprochen!

GESELL:

Weiß wohl. Und ist recht in Treuen beschehn Und so du wolltest was anders begehn Mit Frauen was Gutes in Kumpanei Oder was es sonsten sei Solltest an deiner Seiten mich sehn So lange Gott läßt einen hellen Tag sein Und auch des Nachts bei Fackelschein. Das sag ich in Treuen!

(*Schickt sich an zu gehen.*)

JEDERMANN:

O deiner bedarf ich jetzt gar sehr Jetzt heißt es: Gesell gedenke mein.

GESELL:

Ob wir Genossen waren, ob nit Hinfort tu ich mit dir keinen Schritt.

JEDERMANN:

So bitt ich dich, nimm soviel auf dich Um Christi Gotts Barmherzigkeit Und gib mir tröstliches Geleit Bis vor die Stadt.

GESELL

(*reißt sich los*):

Ich tu dirs nit, Setz einen Fuß nit vor den andern Nit um ein neues Feierkleid Ließest du dir ein wenig Zeit, So wollt ich dich nit allein lassen stehn Nun aber kann ich nit harren bei dir.

(*Über die Schulter zurück.*)

So geb dir Gott eine schleunige Fahrt Dahin recht sänftlich in guter Art Muß eilends jetzt meines Weges gehn.

JEDERMANN

(*einen Schritt ihm nach*):

Wohin Gesell? Willst mich verlassen ganz und gar?

GESELL:

Wohl, wohl. Gott nehm deiner Seelen wahr.

JEDERMANN:

Leb wohl, mein Freund, um dich wird mir mein Herz arg schwer, Leb immer wohl, dich seh ich nun auch nimmermehr.

GESELL:

Leb wohl, auch Jedermann, leb wohl am End, gib mir die Hand, Ja, Scheiden tut recht weh, das hab ich jetzt erkannt.

(*Er geht.*)

JEDERMANN:

O weh, wohin soll ich nun um Hilf in der Welt. War mein Gesell, solang ich fröhlich war Nun trägt er wenig Leid um mich ganz unverstellt. Hab eh und immer was reden hören Das ging mir aber gar nit nah Bis heute, da mir das geschah. Es hieß: So lang einer im Glück ist Der hat Freunde die Menge, Doch wenn ihm das Glück den Rücken kehrt, Dann verläuft sich das Gedränge. O weh, so siehet das nun aus Schnürt mir die Kehl vor Angst und Graus.

(*Er wird die Vettern gewahr, die noch beiseite stehen, und sein Gesicht hellt sich auf.*)

Da stehen meine Blutsfreunde ja, Vielliebe Vettern bleibt mir nah. Ihr seid wahrhaftig recht am Ort, Weiß auf der Welt kein schöner Wort Als dieses: Art läßt nicht von Art, Das wird von Euch heut recht gewahrt, Da ihr in dieser schweren Stund Mein Beistand seid mit Hand und Mund.

DICKER VETTER:

Geruhig Blut, mein Vetter Jedermann, Nur ruhig Blut, das ist alls, was ich sagen kann.

JEDERMANN:

Ihr lasset mich auch nit –

DICKER VETTER:

Nur ruhig Blut Ist gar von Lassen nit die Sprach, In Stich euch lassen, das wär uns Schmach.

DÜNNER VETTER:

Euch widerfahr so Liebes wie Leides, Mit euch zu teilen begehren wir beides.

DICKER VETTER:

Ja, wie gesagt – – ei freilich ja! Ihr seht wir stehn euch treulich nah.

JEDERMANN:

O vielen Dank, ihr Blutsfreunde mein.

DICKER VETTER:

Da wir doch Anverwandte sein!

JEDERMANN:

Ihr habt gesehn, es kam ein Bot, Der kam auf hohen Königs Gebot.

DICKER VETTER:

Ja, – – ich weiß, Vetter Jedermann – – Die Sach ist eben so bewandt, Daß ich in der nichts machen kann.

JEDERMANN:

Er hieß einer Fahrt mich unterwinden.

DICKER VETTER:

Ja, wie gesagt –

JEDERMANN:

Von dieser Fahrt – –

DICKER VETTER:

Nun, wie gesprochen, Art läßt nicht von Art!

JEDERMANN:

Von dieser Fahrt, das weiß ich wohl, Werd ich nimmer zurücke finden.

DICKER VETTER:

Ei nimmer! Ja, wo halt nichts ist, Da hat der Kaiser 's Recht verloren!

JEDERMANN:

Mein Vetter, hörtet ihr, was ich sprach?

DICKER VETTER:

Ihr redet nit zu tauben Ohren.

DÜNNER VETTER:

Ei, nein, wahrhaftig nit, Gotts Not.

JEDERMANN:

Ich werd da nimmer zurücke finden.

DICKER VETTER:

Habt ihr auch richtig verstanden den Bot?

JEDERMANN:

Ich ihn?

DICKER VETTER:

Die Red und den Verstand Habt ihr das richtig wohl gefaßt?

JEDERMANN:

Ob ich? –

DICKER VETTER:

Das war schon, daß ich sag – Ein recht ein ungebetner Gast. Hm, Vetter.

DÜNNER VETTER:

Ja, ich mein, Gott seis geklagt –

DICKER VETTER:

So meint ihr auch wie ich? Ja, wie gesagt Ja, Gott befohlen, Vetter Jedermann, Da habt ihr alles, was ich sagen kann.

JEDERMANN:

Ihr Vettern, bleibet, hört mich an!

DÜNNER VETTER:

Hast du vielleicht noch ein Begehr? Sprich kühnlich, Vetter Jedermann.

JEDERMANN:

Ich muß dort eine Rechnung legen Und hab einen Feind, der allerwegen Mir will in meinen Weg treten O hört mich an! mit großer Stärken.

DICKER VETTER:

Was denn für Rechnung, sagt doch an.

JEDERMANN:

Von all meinen irdischen Werken: Wie ich meine Tag hab hinbracht Und was ich Arges hab getan Die Jahr all bei Tag und Nacht Drum seid um Christi willen gebeten Und helft mir meine Sach vertreten.

DÜNNER VETTER:

Was, dorthin? Geht es euch auf das! Nein, Jedermann, da geh ich nit Kannst mich nit zum Geleiter kriegen! Wollt lieber in einm finstern Gelaß Bei Wasser und Brot zehn Jahre liegen.

JEDERMANN:

Oh, daß ich nit geboren wär Nun werd ich fröhlich nimmermehr, Wenn ihr mich da verlasset dann.

DICKER VETTER:

Ei Mann! Was denn! Sei du fröhlich Mann! Nimm dich und fang nit Jammerns an! Nur eins mußt dir gesagt sein lassen Mich bringst einmal nit in die Gassen.

(*Er geht.*)

JEDERMANN

(*zum dünnen Vetter*):

Mein Vetter willst nit mit mir gehn?

DÜNNER VETTER:

Hab jetzt, Gotts Tod, Krampf in den Zehen Ist ein arg Übel, Jedermann Das fällt mich unversehens an.

DICKER VETTER

(*bleibt nochmal stehen und spricht über die Schulter zurück*):

Uns wirst nit verführen, das laß nur sein Doch hab ich ein schön gut Kind daheim Die mächtig gern auf Reisen geht Wenn die dir zu Gesichte steht, Die geb ich dir in guter Art, Leicht, daß sie mit dir geht auf deine Fahrt.

JEDERMANN:

Nein, zeig mir an, weß Sinnes du bist Ob ich in meiner ärgsten Pein Von dir soll dran gegeben sein, Ob du willst mit mir gehn oder dahinten bleiben. Das ist alles, was ich wissen muß.

DICKER VETTER:

Dahinten bleiben und ein'n schönen Gruß Auf Wiedersehen ein andermal.

(*Sie gehen.*)

JEDERMANN:

Ach Jesus, ist das aller Dinge End, Versprochen haben sie mir gar viel, Vom Halten lassen sie ihre Händ.

DÜNNER VETTER

(*wendet sich und tritt nochmals an Jedermann heran*):

Es ist nicht üblich in solcher Weis Die Leut zu beschicken zu einer Reis Dergleichen Anmutung ist nit zart Und hat mir keine rechte Art. Hast deiner leibeignen Knecht genug Die magst dazu aufbieten mit Fug. Aber die lieben Verwandten dein, Sollten da zu wert dir sein.

(*Geht.*)

JEDERMANN:

Leibeigene Knecht, was sollen mir die, Wenn ich die mitnähm, das wär ein Ding, Davon ich Hilfe hätt gering.

(*Er sieht sich um.*)

Ist alls zu End das Freudenmahl Und alle fort aus meinem Saal?

(*Er geht hinauf zu dem Tisch. Etliche, die dort noch saßen und tranken, werden ihn gewahr, springen auf und flüchten. Der Tisch versinkt.*)

Bleibt mir keine andere Hilfe dann, Bin ich denn ein verlorner Mann? Und ganz alleinig auf der Welt, Ist es schon so um mich bestellt, Hat mich ***Der*** schon dazu gemacht, Ganz nackend und ohn alle Macht, Als läg ich schon in meinem Grab, Wo ich doch mein warm Blut noch hab Und Knecht mir noch gehorsam sein Und Häuser viel und Schätze mein, Auf! schlagt die Feuerglocken drein! Ihr Knecht nit lungert in dem Haus Kommt allesamt zu mir heraus.

(*Hausvogt mit etlichen Knechten kommen eilig.*)

JEDERMANN:

Ich muß schnell eine Reise tun Und das zu Fuß und nit zu Wagen, Gesamte Knecht, die sollen mit Und meine große Geldtruhen, Die sollen sie herbeitragen. Die Reis wird wie ein Kriegszug scharf Daß ich der Schätze sehr bedarf.

HAUSVOGT:

Die schwere Truhn, die drinnen steht?

JEDERMANN:

Ja, eilig, ohne viel Gered.

(*Mehrere Knechte sammeln sich, ihrer acht bringen die schwere Truhe getragen.*)

Hab Euch berufen für eine Reis, Daß jeder mir Gehorsam erweis. Die Reis ist seltsam und recht weit Und fordert zuverlässige Leut, Daß sie in aller Still gescheh Des ich zu Euch mich wohl verseh.

KNECHT:

Die Truhen, die ist marterschwer.

HAUSVOGT:

Ihr tut, was anbefiehlt der Herr.

JEDERMANN:

Nun, wollen wir die Reis angehen, Ganz in der Still, heimlicher Weis.

(*Tod tritt in etlicher Entfernung hervor.*)

ERSTER KNECHT:

Dort steht ein Teufel und winkt uns Halt.

HAUSVOGT:

Nein, ist der Tod grausamer Gstalt, Er kommt auf uns zu mit Gewalt.

(*Knechte lassen die Truhen stehen und fliehen, Hausvogt desgleichen.*)

TOD:

Du Narr, bald ist die Stund vertan Nimmst immer noch Vernunft nit an. Weißt nit ein recht Geleit zu suchen, Bald wirst verzweifeln und dir fluchen.

(*Verschwindet.*)

JEDERMANN:

Ach Gott, wie graust mir vor dem Tod, Der Angstschweiß bricht mir aus vor Not Kann der die Seel im Leib uns morden Was ist denn gählings aus mir worden? Hab immer doch in bösen Stunden Mir irgend einen Trost ausgfunden. War nie verlassen ganz und gar, Nie kein erbärmlich armer Narr. War immer wo doch noch ein Halt Und habs gewendet mit Gewalt. Sind all denn meine Kräft dahin, Und alls verworren schon mein Sinn,

Daß mich kaum mehr besinnen kann, Wer bin ich denn: der Jedermann, Der reiche Jedermann allzeit. Das ist mein Hand, das ist mein Kleid Und was da steht auf diesem Platz, Das ist mein Geld, das ist mein Schatz, Durch den ich jederzeit mit Macht Hab alles spielend vor mich bracht. Nun wird mir wohl, daß ich den seh Recht bei der Hand in meiner Näh. Wenn ich bei dem verharren kann Geht mich kein Graus und Ängsten an. Weh aber, ich muß ja dorthin, Das kommt mir jählings in den Sinn. Der Bot war da, die Ladung ist beschehn Nun heißt es auf und dorthin gehn.

(*Wirft sich auf die Truhe.*)

Nit ohne dich, du mußt mit mir, Laß dich um alles nit hinter mir. Du mußt jetzt in ein andres Haus Drum auf mit dir und schnell heraus.

(*Die Truhe springt auf, Mammon richtet sich auf. Groß.*)

MAMMON:

Ei Jedermann, was ist mit dir? Du bist ja grausamlich in Eil Und bleich wie Kreiden all die Weil.

JEDERMANN:

Wer bist denn du?

MAMMON:

Kennst vom Gesicht mich nit Und willst mich dorthin zerren mit? Dein Reichtum bin ich halt, dein Geld, Dein eins und alles auf der Welt.

JEDERMANN

(*sieht ihn an*):

Dein Antlitz dünkt mir nit so gut Gibt mir nit rechten Freudenmut Das ist gleichviel, du mußt mitgehen.

MAMMON:

Was solls, kann alls von hier geschehen, Weißt wohl, was ich in Mächten hab, Sag was dich drückt, dem helf ich ab.

JEDERMANN:

Die Sach ist anderster bewandt Es ist von wo um mich gesandt.

MAMMON:

Von –

JEDERMANN

(*schlägt die Augen nieder*):

Ja, es war ein Bot bei mir.

MAMMON:

Ist es an dem, du mußt von hier?! Ei was, na ja, gehab dich wohl Ein Bot war da, daß er ihn hol Dorthin, das ist ja schleunig kommen Hab vordem nichts derart vernommen.

JEDERMANN:

Und du gehst mit, es ist an dem.

MAMMON:

Nit einen Schritt, bin hier bequem.

JEDERMANN:

Bist mein, mein Eigentum, mein Sach.

MAMMON:

Dein Eigen, ha, daß ich nit lach.

JEDERMANN:

Willst aufrebellen, du Verflucht! du Ding!

MAMMON

(*stößt ihn weg*):

Du, trau mir nit, dein Wut acht ich gering, Wird umkehrt wohl beschaffen sein. Ich steh gar groß, du zwergisch klein. Du Kleiner wirst wohl sein der Knecht Und dünkts dich, anders wärs gewesen, Das war ein Trug und Narrenwesen.

JEDERMANN:

Hab dich gehabt zu meim Befehl.

MAMMON:

Und ich regiert in deiner Seel.

JEDERMANN:

Warst mir zu Diensten in Haus und Gassen.

MAMMON:

Ja, dich am Schnürl tanzen lassen.

JEDERMANN:

Warst mein leibeigner Knecht und Sklav.

MAMMON:

Nein, du mein Hampelmann recht brav.

JEDERMANN:

Hab dich allein gedurft anrühren.

MAMMON:

Und ich alleinig dich nasführen. Du Laff, du ungebrannter Narr, Erznarr du, Jedermann sieh zu Ich bleib dahier und wo bleibst du? Was ich in dich hab eingelegt Darnach hast du dich halt geregt. Das war ein Pracht und ein Ansehen Ein Hoffart und ein Aufblähen Und ein verflucht wollüstig Rasen, War alls durch mich ihm eingeblasen, Und was ihn itzt noch aufrecht hält Daß er nit platt an' Boden fällt Und alle Viere von sich reckt Und hält ihn noch emporgestreckt Das ist allein sein Geld und Gut Da hier springt all dein Lebensmut.

(Hebt eine Handvoll Geld aus der Truhe und läßt es wieder fallen.)

Fällt aber in die Truhen zurück Und damit ist zu End dein Glück. Bald werden dir die Sinn vergehen Und mich wirst nimmer wiedersehen. War dir geliehen für irdische Täg Und geh nit mit auf deinen Weg, Geh nit, bleib hier, laß dich allein Ganz bloß und nackt in Not und Pein. Ist alls um nichts dein Handausrecken Und hilft kein Knirschen und Zähneblācken, Fährst in die Gruben nackt und bloß, So wie du kamst aus Mutter Schoß.

(*Bückt sich, die Truhe springt zu.*)

(*Jedermann ohne Sprache, eine lange Stille.*)

(*Werke wird sichtbar, einer Kranken gleich, auf einem elenden Lager gebettet, richtet sich halb auf und ruft mit schwacher Stimme*):

WERKE:

Jedermann!

(*Jedermann hört nicht.*)

WERKE:

Jedermann, hörst mich nicht?

JEDERMANN

(*vor sich*):

Ist als wenn eins gerufen hätt, Die Stimme war schwach und doch recht klar, Hilf Gott, daß es nit meine Mutter war. Ist gar ein alt, gebrechlich Weib, Möcht, daß der Anblick erspart ihr bleib. O nur so viel erbarm dich mein, Laß das nit meine Mutter sein!

WERKE:

Jedermann!

JEDERMANN:

Seis wer da will, hab itzt nit Muß Für irdisch Händel und Verdruß.

WERKE:

Hörst mich nit, Jedermann?

JEDERMANN:

Ist ein krank Weib, Was kümmerts mich, soll sehen wo sie bleib.

WERKE:

Mein Jedermann, ich gehör zu dir, Um deinetwillen lieg ich hier.

JEDERMANN:

Wie soll denn das bewendet sein?

WERKE

(*richtet sich halb auf*):

Sieh, ich bin all die Werke dein.

JEDERMANN:

Ich will kein Spott, ich sterb allweg.

WERKE:

Komm doch zu mir den kleinen Weg.

(*Sinkt zurück.*)

JEDERMANN:

Das wird mit Willen nit geschehen, Meine Werke will ich jetzt nit sehen. Ist nit der Anblick, nach dem mich verlangt.

WERKE:

Bin schmählich schwach, muß liegen hier, Wär ichs imstand, ich lief zu dir.

JEDERMANN:

Brauch nit ein fremd Gebrest dahier, Liegt Angst und Marter gnug auf mir.

WERKE:

Mich brauchst, der Weg ist schreckbar weit, Bist annoch ohne ein Geleit.

JEDERMANN:

Des Weges muß ich jetzt allein –

WERKE:

Nein, ich will mit, denn ich bin dein.

JEDERMANN (*sieht hin.*)

WERKE:

Auf mir liegt viel Gebrest und Last Indem du mein gedacht nit hast. Ohn dich könnt ich mich flink bewegen Lief dir zu Seit auf allen Wegen.

JEDERMANN

(*geht zu ihr*):

O Werke mein, mit mir stehts schlecht. Ist mir gar sehr um guten Rat Und das mir eines Hilfe brächt!

WERKE

(*richtet sich mühselig an ihren Krücken auf*):

Jedermann, ich hab wohl vernommen Du bist entboten zu deinem Erlöser, Vor ein höchst Gericht zu kommen! Willst du nit gehen verloren, Mann, Tritt nit allein die Wanderung an, Das sag ich dir!

JEDERMANN:

Willst du mit mir?

WERKE:

Ob ich mit dir den Weg will gehn? Fragst du mich das, mein Jedermann?

JEDERMANN

(*sieht ihr in die Augen*):

Wie du mich sehnlich siehest an Ist mir, als hätt in meinem Leben, Nit Freund, noch Liebste, nit Weib noch Mann Mir keinen solchen Blick gegeben!

WERKE:

O Jedermann, daß du so später Stund, Dich kehrest zu meinem Aug' und Mund!

JEDERMANN:

Hast ein Gesicht verhärmt und bleich Und dünkt mich doch an Schönheit reich. Mir ist, je mehr ich dich anseh So mehr wird mir im Herzen weh, Und sänftlich auch, vermischter Weis, Daß ich mich nit zu nehmen weiß. Mir ist, könnt deiner Augen Schein Durch meine Augen dringen ein, Ein großes Heil und Segen dann Geschäh an einem armen Mann. Doch weiß ich, dies ist nun versäumt Und jetzt ist alls nur wie geträumt!

WERKE:

Hättest erkannt in deinem Sinn, Daß ich nit völlig häßlich bin, Wärest bei mir verblieben viel Und fern der Welt und bösem Spiel! Komm näher, meine Stimm ist leis –: Bei Armen wärest eingegangen Recht als ihr Bruder, heiliger Weis, Und göttlich Leid und irdischen Schmerz Die hättest zu lieben angefangen Und aufgegangen wäre dein Herz. Und ich, wie ich gebrechlich bin, Ich wär, verklärt vor deinem Sinn, Dir worden ein göttliches Gefäß, Ein Kelch der überströmenden Gnaden Dazu deine Lippen waren geladen.

JEDERMANN:

Und dich hab ich mögen erkennen nicht! War so verblendet mein Gesicht! O weh, was sind wir für Wesen dann Wenn solches uns geschehen kann!

WERKE:

Ich war ein Kelch der vor dir stand, Gefüllt vom Himmel bis an den Rand, Von Irdischem war darin kein Ding, Drum schien ich deinen Augen gering.

JEDERMANN:

O könnt ich sie ausreißen beid Mir wär im Dunklen nit so bang Als da sie mich zu bittrem Leid Falsch han geführt mein Leben lang!

WERKE:

O weh, nun müssen die Lippen dein, Auf ewig ungetränket sein! Hast wollen dich tränken an der Welt, Da ward der Kelch dir weggestellt!

JEDERMANN:

Des fühl ich ein wütendes Dürsten schon Durch alle meine Adern rinnen Und Raserei in allen Sinnen! Da hab ich meines Lebens Lohn!

WERKE:

Das ist die bitter brennend Reu Das sind deine ungelittenen Leiden! O könnten dein Herz sie schaffen neu, Wie selig wäre das uns Beiden!

JEDERMANN

(*wirft sich auf den Boden*):

So wollt ich ganz zernichtet sein, Wie an dem ganzen Wesen mein Nit eine Fiber jetzt nit schreit Vor tiefer Reu und wildem Leid! Zurück! und kann nit! Noch einmal! Und kommt nit wieder! Graus und Qual! Hie wird kein zweites Mal gelebt! Nun weiß die aufgerissne Brust, Als sie es nie zuvor gewußt, Was dieses Wort bedeuten mag: Lieg hin und stirb, hie ist dein Tag!

WERKE

(*auf ihren Knien*):

Mag diese Reu, so brennend groß, Mich nit vom Boden winden los, Weh, mag ich nit auf Füßen stehn! Und ihm die Stund zur Seiten gehn!

(*Sie sinkt an den Boden.*)

Bin ich so elend schwach und krank!

JEDERMANN:

Für jedes Ding kommt halt der Dank! Werke, um alles! laß mich nit im Stich! Bin sonst verloren sicherlich! Hilf du mir, Rechenschaft zu geben Vor dem, der ist Herr über Tod und Leben Und König in der Ewigkeit, Sonst bin ich verloren für alle Zeit!

WERKE:

O Jedermann!

JEDERMANN:

Laß mich nit ohne Rat!

WERKE:

Ich hab eine Schwester, Glaube genannt, Wenn die wollt sich erbitten lassen, Daß sie mit dir zög deine Straßen Und trät mit dir vor Gotts Gericht!

JEDERMANN:

Ruf die um alls! die Zeit entfliecht!

WERKE:

Mag sein, sie kehrt von dir sich ab, Dann mußt du ungetröst ins Grab. Wirst du recht mit ihr reden können Wird sie dir ihre Hilf vergönnen.

JEDERMANN:

Wenn einer keine Zungen hätt, Die Angst und Not macht ihn beredt!

GLAUBE (*kommt gegangen.*)

WERKE:

War nit von Nöten laut Geschrei, Ich fühl, die Schwester kommt herbei! Lieb Schwester, der Mann ist schwer in Not. Willst ihm beistehn bei seinem Tod? Mir fehlt die Kraft, bin allzuschwach, Kann nit vertreten seine Sach.

(*Sinkt hin.*)

GLAUBE

(*zu Jedermann*):

Hast mich dein Leben lang verlacht Und Gottes Wort für nichts geacht, Geht nun in deiner Todesstund Ein ander Red' aus deinem Mund?

JEDERMANN:

Ich glaub – ich glaub –

GLAUBE:

Die Red' ist arm!

JEDERMANN:

O, daß sich meiner Gott erbarm! Ich glaub die zwölf Artikel mit Fleiß Die ich von Kindschulzeiten weiß: Was sie vorstellen ganz und gar, Nehm ich für heilig hin und wahr.

GLAUBE:

Das ist des Glaubens ein ärmlich Teil. Baut dir hinüber keine Brück. Weißt du nit besseres unverweil?

JEDERMANN:

Ich glaub – an Gottes Langmut Wenn einer bei Zeiten Buß tut. Aber ich bin in Sünden zu weit Dahin reicht keine Barmherzigkeit.

GLAUBE

(*tut einen Schritt auf ihn zu*):

Bist ganz in Wollust denn ertrunken In Lastern völlig gar versunken, Daß dir nit auf die Lippen kommt Was ewig deiner Seelen frommt?

(*Neigt sich zu ihm.*)

JEDERMANN:

Ich glaub –

GLAUBE:

Glaubst du an Jesu Christ Der von dem Vater kommen ist, Ein Mensch und unsersgleichen worden Von einem irdischen Weibe geboren, Und hat in Marterqual sein Leben Um deinetwillen hingegeben Und ist erstanden von dem Tod, Daß du versöhnet seist mit Gott?

JEDERMANN:

Ja! Ich glaub: Solches hat er vollbracht, Des Vaters Zorn zunicht gemacht Der Menschheit ewig Heil erworben Und ist dafür am Kreuz verstorben. Doch weiß ich, solches kommt zugut, Nur dem der heilig ist und gut: Durch gute Werk und Frommheit eben Erkauft er sich ein ewig Leben. Da sieh, so stehts um meine Werk: Von Sünden hab ich einen Berg So überschwer auf mich geladen, Daß mich Gott gar nit kann begnaden, Als er der Höchstgerechte ist.

GLAUBE:

Bist du ein solcher Zweifelchrist Und weißt nit Gotts Barmherzigkeit?

JEDERMANN:

Gott straft erschrecklich!

GLAUBE:

Gott verzeiht! Ohn Maßen!

JEDERMANN:

Schlug den Pharao, Schlug Sodom und Gomora, schlug, Schlug!

GLAUBE:

Nein, gab hin den eignen Sohn In Erdenqual vom Strahlenthron, Daß als ein Mensch er werd geboren Und keiner ginge mehr verloren, Nit einer, nit der letzte, nein, Er finde denn das ewige Leben. „Um der Sünder willen bin ich kommen, Der Gsund bedarf keines Arztes dann“ Die Red ist aus dem Munde kommen, Der keine Lügen reden kann. Glaubst du daran in diesem Leben, So ist dir deine Sünd vergeben Und ist gestillet Gottes Zorn.

JEDERMANN:

O, deine Worte sind gelind, Mir ist, als wär ich neugeboren. Ich glaube: So lang ich atme auf Erden, Mag ich durch Christum gerettet werden.

GLAUBE:

Es ist an dem, nun geh hinein, Von deinen Sünden wasch dich rein.

JEDERMANN:

Wo wär ein solcher heiliger Quell, Daß ich zu ihm mich hintrüg schnell?

(*Mönch wird oben sichtbar.*)

GLAUBE:

Ein guter Helfer wartet dein, Bei ihm wird deine Seele rein. Kehr wieder in einem weißen Gewand, Dann ziehest hin an meiner Hand Und mitzugehen deine Werk Gewinnen mächtig Kraft und Stärk.

JEDERMANN

(*auf den Knien*):

O ewiger Gott! O göttliches Gesicht! O rechter Weg! O himmlisches Licht! Hier schrei ich zu dir in letzter Stund, Ein Klageruf geht aus meinem Mund. O mein Erlöser, den Schöpfer erbitt, Daß er beim Ende mir gnädig sei, Wenn der höllische Feind sich drängt herbei, Und der Tod mir grausam die Kehle zuschnürt, Daß er meine Seel dann hinaufführt. Und, Heiland, mach durch deine Fürbitt, Daß ich zu seiner Rechten hintritt, In seine Glorie mit ihm zu gehn. Laß dir dies mein Gebet anstehn, Um willen, daß du am Kreuz bist gestorben Und hast all unsre Seelen erworben.

(*Er liegt im tiefen Gebet auf seinem Angesicht. Die Orgel tönt stärker. Indessen geht unten, im Dunklen, Jedermanns Mutter querüber, als wie auf dem Weg zur Frühmette, vor ihr ein Knecht der die Leuchte trägt.*)

KNECHT:

Was bleibt ihr stehen, Frau, zur Stund? Wie ist euch? seid ihr nit gesund? Wollt ihr leicht heim in euer Bett Statt nächtlings zu der Morgenmett?

JEDERMANNS MUTTER:

Sind wir denn so verspät't alsdann Und hebt sich schon die Frühmett an? Ich hör ein also herrlich Klingen Als täten alle Engel singen!

KNECHT:

Verspätet sind wir keinerweis, Auch hör ich nichts, nit laut noch leis.

JEDERMANNS MUTTER:

Ich hörs und weiß im Herzen mein Das sind die himmlischen Schalmein. So singen sie vor Gottes Thron: Das geht auf meinen lieben Sohn. Ich spür zu dieser nächtigen Stund Ist seine Seele worden gesund. Er ist versöhnet Gott dem Herrn Des sterb ich freudiglich und gern. Erhört ist meine große Bitt, Und weiß daß ich einmal hintritt Vor Gottes meines Schöpfers Thron Und find dort meinen lieben Sohn. Bald lässest deine Dienerin In deinen Frieden fahren hin. Amen.

KNECHT:

Wollt ihr nit kommen, Frau? Die Zeit vergeht, es wird schon grau.

(*Sie gehen vorbei.*)

GLAUBE:

Jedermann, so sei Gott mit dir, Als, wie ich dich nun und hier, In deines Erlösers Hand befehl, So sei deine Rechenschaft ohn Fehl.

WERKE

(*hat ihre Krücken von sich geworfen und tritt zu ihnen.*)

GLAUBE:

Nun faß dir einen fröhlichen Mut Nun kommen deine Werke gut Sind ledig all ihrer Beschwer Und treten starken Schrittes einher.

WERKE:

Jedermann, ich bins, deine Freundin, Ich segne dich in meinem Sinn, Du hast mich geschaffen von Schmerzen frei, Nun geh ich mit dir, wohin es auch sei.

JEDERMANN:

O, meine Werke, wie ich eure Stimme hör, Muß ich vor Freuden weinen sehr.

GLAUBE:

Nun sollst du weinen und trauern nimmermehr, Nein, freuen dich und fassen einen frohen Mut, Gott sieht dich von seinem Thron recht gut!

JEDERMANN:

Dann ich nit Zögerung noch Aufschub such. Ihr Freunde ich mein wir gehen selbdritt, Von euch will ich mich scheiden nit.

(*Er geht hinauf und folgt dem Mönche nach.*)

WERKE und GLAUBE

(*verharren betend.*)

TEUFEL

(*kommt angesprungen, schreit und winkt von weitem*):

Halt Jedermann! Aufhalten Jedermann! Aufhalten! He! Hieher Gesell! Ich komm dich holen, bin zur Stell! He Jedermann, er ist hinein! Muß taub auf beiden Ohren sein! Was geht er denn in dieses Haus? Da hol ihn dieser und jener heraus! Ich warte derweilen an der Tür, Faß ihn, und meines Wegs ihn führ. Kann sein, er läßt mich warten lang, Mag er, ist mir um ihn nit bang. Ist mir verfallen mit Haut und Haar Und sicher wie lang schon keiner war.

GLAUBE:

Halt da!

TEUFEL

(*hat nichts gehört*):

Muß hier vorbei.

GLAUBE:

Hie nit!

TEUFEL:

Ganz unbedingt, hab dort zu tun.

GLAUBE:

Hie ist kein Weg für deinesgleichen.

TEUFEL:

Ein zänkisch Weib. Ich kann ausweichen.

(*Will rings herum.*)

GLAUBE

(*tritt ihm aufs neu in seinen Weg und sagt*):

Hie ist kein Weg!

TEUFEL:

Ich hab zu warten dort an der Tür In Amtsgeschäften, damit ich einen Der dort herauskommt dann mit mir Eines gewissen Weges führ.

GLAUBE:

Ich führe Zwiesprach nit mit dir.

TEUFEL:

Ich auch nit, geh halt da vorbei.

WERKE:

Hie ist kein Weg für dich.

TEUFEL

(*hält sich die Ohren zu*):

Geschrei! Gespiel! Belästigung!

WERKE

(*tritt ihm aufs neue in den Weg*):

Kein Weg!

TEUFEL:

Kein Weg! Kein Weg! Ist hier kein Weg? Kein Boden? Nichts worauf mein Fuß Mag stehen, hüpfen, springen! Nein? Hier wird sogleich ein Weg mir sein!

(*Will durch mit Gewalt.*)

GLAUBE

(*hinzutretend*):

Willst dus mit deinen Fäusten richten Und stören unser fromm Gebet? Sieh, wer zu unsrer Hilf dasteht!

ENGEL (*treten oben hervor.*)

TEUFEL:

Sind die Gesellen auch im Spiel Und wissen bessres nit zu schaffen Als hier zu lümmeln und zu gaffen So abends spät, wie morgens früh, Wenn andre Leut mit saurer Müh Nachgehen ihren Amtsgeschäften Mit schuldigem Eifer und besten Kräften!

WERKE und GLAUBE

(*achten seiner nicht und beten mit gefalteten Händen.*)

TEUFEL

(*setzt sich auf den Boden*):

Ich frage, sind hier Zweifel im Spiel, Ist hier ein Handel in der Schweb, Nichts davon, nichts, so wahr ich leb. Sitzt einer hier unter euch allen,

Der ins Gesicht mir tät bestreiten, Daß dieser Mensch mir ist verfallen! Ein prächtig Schwelger und Weinzecher, Ein Buhl, Verführer, und Ehebrecher, Ungläubig als ein finstrer Heide, In Wort und Taten frech vermessen Und seines Gottes so vergessen Wie nicht das Tier auf seiner Weide, Witwen und Waisen Gutsverprasser, Ein Unterdrücker, Neider, Hasser!

(*Er springt auf.*)

Mir fehlen, ihn zu malen, die Wort! Und diesen will man mir verwehren, Daß ich ihm auf die Kappen geh Ihm jählings das Genick umdreh, Ihm zuschrei: Duck dich, Fleisch, und stirb! Und seine Seel für uns erwirb. Verharrt ihr drauf mit kaltem Blut Und bangt euch nit vor meiner Wut Und Zähn gefletscht und Fäust geballt? Und, daß Recht und Gerechtigkeit Gewappnet stehen auf meiner Seit?

GLAUBE:

Auf deiner Seiten steht nit viel Hast schon verloren in dem Spiel Gott hat geworfen in die Schal, Sein Opfertod und Marterqual Und Jedermannes Schuldigkeit Vorausbezahlt in Ewigkeit.

TEUFEL:

Seit wann? seit wo? wie geht das zu? Geschiehet das in einem Nu? Wenn eins sein Leben brav sich regt Und nur auf uns sein Tun anlegt, Recht weislich, fest und wohlbedacht Recht Stein auf Stein und Tag auf Nacht Wird solch ein wohlbeständig Ding In einem Augenzwinkern neu? Schmeißt ihr das um mit einem Wink?

GLAUBE:

Ja solches wirkt die tiefe Reu, Die hat eine lohende Feuerskraft, Da sie von Grund die Seel umschafft.

TEUFEL:

Ha! Weiberred und Gaukelei! Wasch mir den Pelz und mach ihn nit naß! Ein Wischiwasch! Salbaderei! Zum Speien ich dergleichen haß! Beweis! Gib eine einzig Red, Die vor Gericht zu Recht besteht!

GLAUBE:

Vor dem Gericht, vor das er tritt, Bestehen deine Rechte nit, Die sind auf Schein und Trug gestellt Auf Hie und Nun und diese Welt, Die ist gefangen in der Zeit Und bleibt in solchen Schranken stocken, Wo aber tönet diese Glocken,

(*Man hört von innen das Sterbeglöcklein, Glaube und Werke fallen auf die Knie.*)

Hat angehoben Ewigkeit.

TEUFEL

(*hält sich die Ohren zu*):

Ich geb es auf, ich kehr mich um, Ich laß ihn, füttert ihn euch aus, Mich ekelts hier, ich geh nach Haus.

GLAUBE und WERKE (*haben sich erhoben.*)

TEUFEL:

Ein schöner Fall, ganz sonnenklar Und in der Suppe doch ein Haar! Tret arglos her, vergnügt im Sinn Und mein, zu melden mich als Erben. Ja Vetter, ja, da liegen die Scherben! „Hie ist kein Weg, hie ist kein Weg!“ Ah! Weiber! Fastensupp und Schläg, Das ist wie ich sie halten tät! Ein Anspruch der zurecht besteht Vor Türken, Mohren und Chinesen, Ff! Da ist Anspruch und Recht gewesen! Bläst mir ihn weg! „Hie führt kein Weg!“ Ich wollt, daß er im Feuer läg. Und kommt in einem weißen Hemd Erzheuchlerisch und ganz verschämt. Die Welt ist dumm, gemein und schlecht Und geht Gewalt allzeit vor Recht, Ist einer redlich treu und klug, Ihn meistern Arglist und Betrug.

(*Geht ab.*)

JEDERMANN

(*tritt oben hervor in einem weißen langen Hemde, einen Pilgerstab in der Hand, sein Angesicht ist totenbleich aber verklärt, er geht auf die Beiden zu.*)

WERKE:

Fühl ich nit kommen Jedermann? Er ist es, ja, und tritt herbei, Mir ahnte wohl, daß er es sei. Er hat seinem Herrn getan genug Des fühl ich an meinen Gliedern all, Die Kraft zu einem hohen Flug!

JEDERMANN:

Nun gebet mir treulich eure Händ, Ich hab empfangen das Sakrament. Gesegnet sei, der mich das hieß tun Und also guten Rat mir sprach. Nun seid bedankt, daß ihr auf mich, Geharret habet sorglich Mit andächtigem Beten. Und nun laß uns die Reis antreten. Leg jeder die Hand an diesen Stab Und folge mir zu meinem Grab.

WERKE:

Ich heb vom Stab nit meine Händ, Zuvor die Reis kam an ihr End.

GLAUBE:

Ich steh bei dir, so wie ich eh Stand hielt bei Judas Makkabee!

(*Sie gehen hinauf.*)

DER TOD

(*ist hervorgetreten und geht hinter ihnen einher.*)

(*Sie stehen beim Grab.*)

JEDERMANN

(*schließt die Augen*):

Nun muß ich ins Grab, das ist schwarz wie die Nacht, Erbarm dich meiner in deiner Allmacht.

GLAUBE:

Ich steh dir nah und seh dich an.

WERKE:

Und ich geh mit, mein Jedermann.

JEDERMANN:

O Herr und Heiland steh mir bei Zu Gott ich um Erbarmen schrei.

WERKE

(*hilft ihm ins Grab, steigt dann zu ihm hinein*):

Herr laß das Ende sanft uns sein, Wir gehen in deine Freuden ein.

JEDERMANN

(*im Grab, nur Haupt und Schultern sind noch sichtbar*):

Wie du mich hast zurückgekauft, So wahre jetzt der Seele mein, Daß sie nit mög verloren sein Und daß sie am jüngsten Tag auffahr Zu dir mit der geretteten Schar.

(*Er sinkt.*)

GLAUBE:

Nun hat er vollendet das Menschenlos, Tritt vor den Richter nackt und bloß Und seine Werke allein, Die werden ihm Beistand und Fürsprech sein. Heil ihm, mich dünkt es ist an dem, Daß ich der Engel Stimmen vernehm, Wie sie in ihren himmlischen Reihen Die arme Seele lassen ein.

ENGEL (*singen.*)

Ende.

Dieser Erneuerung des alten Spieles liegt für den Aufbau vornehmlich der anonyme englische Text des fünfzehnten Jahrhunderts zugrunde. (Everyman, a morality play, gedruckt zu London um 1490.) Aus des Hans Sachs „Comedi vom sterbend reichen Menschen" wurde manches einzelne herübergenommen, zumeist in den Anfangsszenen. In der Szene der Mutter ist ein gereimtes Gebet eingewoben, das von Albrecht Dürer stammt. Das Tanzlied und die übrigen Lieder sind einer neueren Sammlung der Minnesänger des dreizehnten Jahrhunderts entnommen.

Begonnen April 1903 – beendet September 1911.